HMH

expresiones en matemáticas

Dra. Karen C. Fuson

I0803870

Haz la tarea y recuerda

Grado 3

Volumen 2

This material is based upon work supported by the
National Science Foundation
under Grant Numbers
ESI-9816320, REC-9806020, and RED-935373.

Any opinions, findings, and conclusions, or recommendations expressed in this material are those of the author and do not necessarily reflect the views of the National Science Foundation.

HMH

Copyright © by Houghton Mifflin Harcourt Publishing Company

All rights reserved. No part of this work may be reproduced or transmitted in any form or by any means, electronic or mechanical, including photocopying or recording, or by any information storage or retrieval system, without the prior written permission of the copyright owner unless such copying is expressly permitted by federal copyright law. Requests for permission to make copies of any part of the work should be submitted through our Permissions website at https://customercare.hmhco.com/contactus/Permissions.html or mailed to Houghton Mifflin Harcourt Publishing Company, Attn: Intellectual Property Licensing, 9400 Southpark Center Loop, Orlando, Florida 32819-8647.

Printed in the U.S.A.

ISBN 978-1-328-52035-7

6 7 8 9 MP 27 26 25 24

4500883841 A B C D E F G

If you have received these materials as examination copies free of charge, Houghton Mifflin Harcourt Publishing Company retains title to the materials and they may not be resold. Resale of examination copies is strictly prohibited.

Possession of this publication in print format does not entitle users to convert this publication, or any portion of it, into electronic format.

Nombre ____________________ Fecha ____________________

Todos los triángulos en las figuras tienen la misma área. Cuenta las partes iguales en el entero. ¿Qué fracción unitaria del entero es el triángulo sombreado?

1 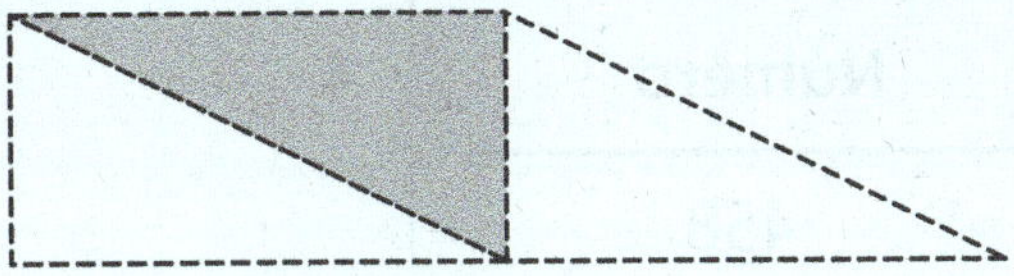

Hay ________ partes iguales en el entero.

El triángulo sombreado es ________ de toda la figura.

2 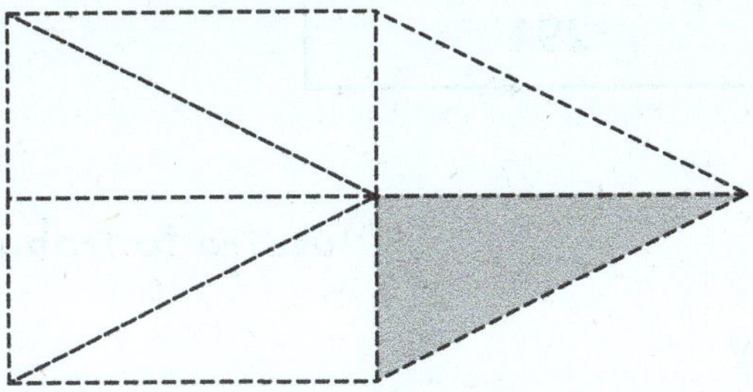

Hay ________ partes iguales en toda la figura.

El triángulo sombreado es ________ de toda la figura

3 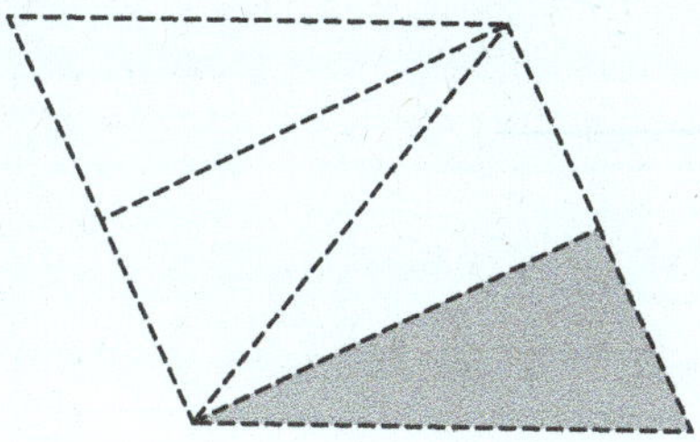

Hay ________ partes iguales en toda la figura.

El triángulo sombreado es ________ de toda la figura

Escribe una suma para representar la parte de la barra de fracciones que sombreaste. Luego escríbela como una fracción.

4 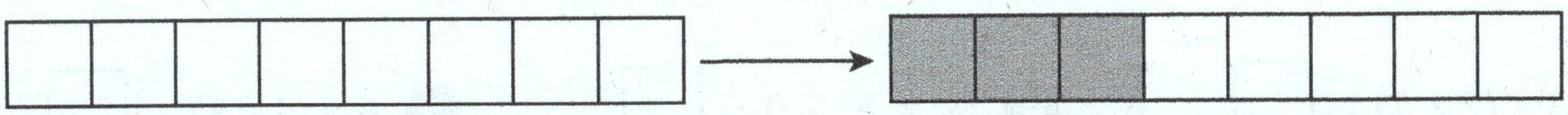

Divide el entero en 8 partes iguales.

Sombrea 3 partes.

$\frac{1}{8} + \frac{1}{8} + \frac{1}{8} + \frac{1}{8} + \frac{1}{8} + \frac{1}{8} + \frac{1}{8} + \frac{1}{8}$

$\frac{1}{8} + \frac{1}{8} + \frac{1}{8} = \frac{3}{8}$

5 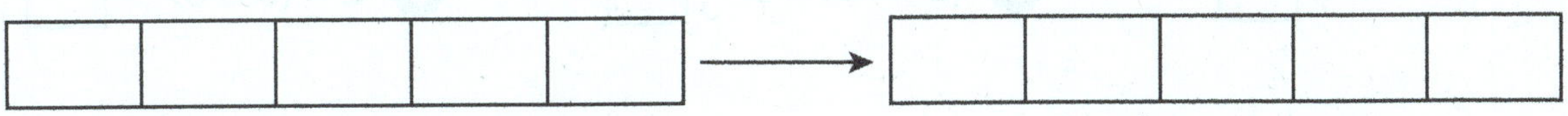

Divide el entero en 5 partes iguales.

Sombrea 4 partes.

6 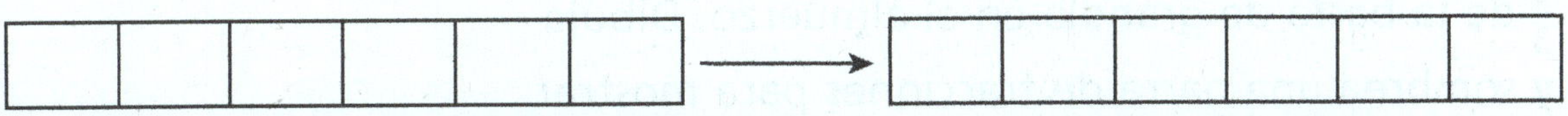

Divide el entero en 6 partes iguales.

Sombrea 2 partes.

© Houghton Mifflin Harcourt Publishing Company

4-1 Recuerda

Nombre ______________________ Fecha ____________

Usa la tabla para responder los ejercicios 1 y 2.

Artículos en el centro de medios

Tipo de artículo	Número
Libros de no ficción	458
Libros de ficción	527
Revistas	291

Escribe una ecuación y resuelve el problema. *Muestra tu trabajo.*

1 ¿Cuántos libros de no ficción y revistas hay en total?

____

2 ¿El número de qué dos artículos se redondea al mismo número?

____

Halla cada producto.

3 $3 \times (7 \times 1) = \square$

4 $(8 \times 8) \times 0 = \square$

5 $6 \times (1 \times 5) = \square$

6 $2 \times (2 \times 4) = \square$

7 $(2 \times 3) \times 3 = \square$

8 $2 \times (0 \times 6) = \square$

9 **Amplía tu razonamiento** Cameron come $\frac{1}{3}$ de su barra de granola antes de la escuela y otro $\frac{1}{3}$ de la barra de granola en el almuerzo. Dibuja y sombrea una barra de fracciones para mostrar cuánto de la barra de granola comió Cameron.

© Houghton Mifflin Harcourt Publishing Company

4-2
Haz la tarea

Nombre ______________________ Fecha ______________

Divide la barra de fracciones en fracciones unitarias. Sombrea cada barra de fracciones para mostrar la fracción, y escribe la suma de las fracciones unitarias debajo de las partes sombreadas.

1. $\frac{1}{4}$

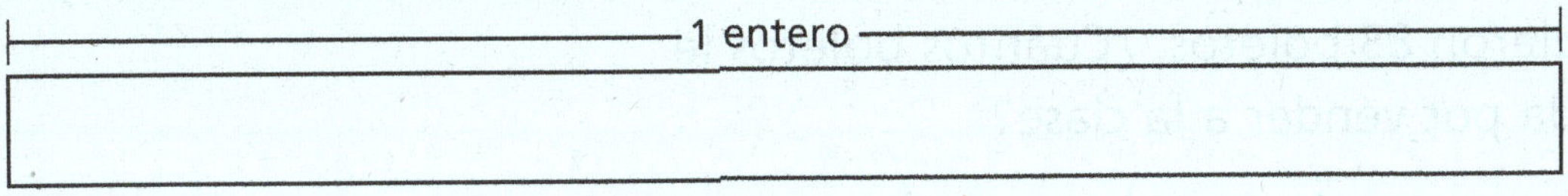

2. $\frac{2}{6}$

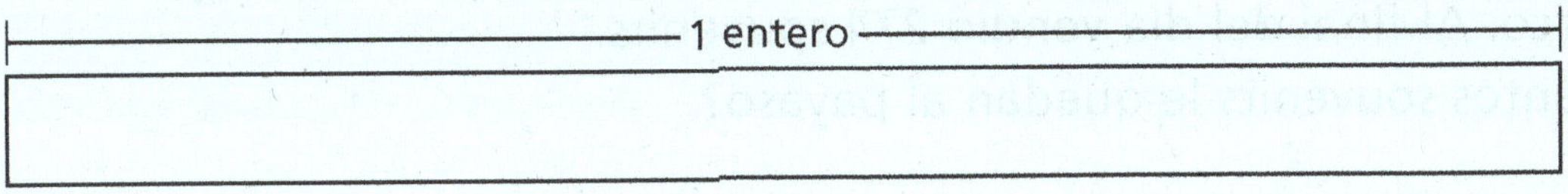

3. $\frac{5}{8}$

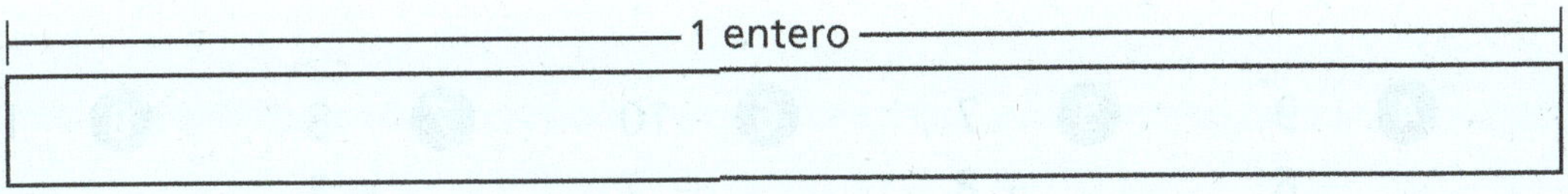

Divide cada recta numérica en las fracciones unitarias correctas. Luego rotula cada punto. Muestra la fracción seleccionada uniendo con un óvalo las fracciones unitarias que la forman.

4. $\frac{1}{3}$

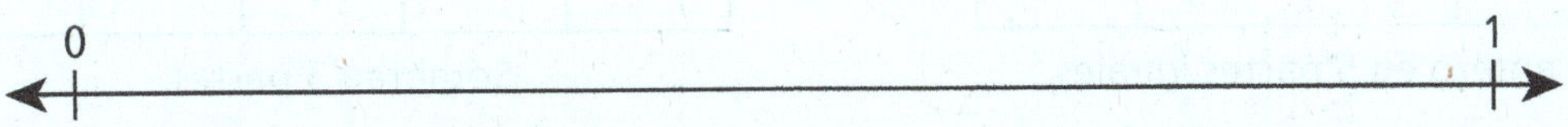

5. $\frac{3}{4}$

6. $\frac{5}{6}$

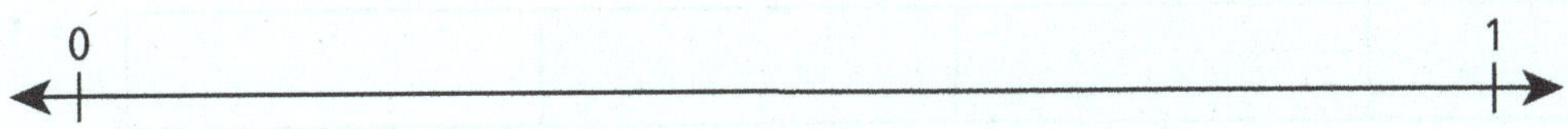

© Houghton Mifflin Harcourt Publishing Company

Nombre ____________________ Fecha ____________________

Haz un dibujo de prueba, y resta con números.

1 La clase de Chloe tiene 293 boletos de rifa para vender. Al final de la primera semana vendieron 88 boletos. ¿Cuántos boletos le queda por vender a la clase?

____

2 El payaso tiene 465 souvenirs para vender para el circo. Al final del día vendió 274 souvenirs. ¿Cuántos souvenirs le quedan al payaso?

____

Suma o resta.

3 $5 + 8$

4 $9 - 6$

5 $7 + 8$

6 $10 - 7$

7 $8 + 3$

8 $18 - 9$

Escribe una suma para representar la parte de la barra de fracciones que sombreaste. Luego escríbela como una fracción.

9

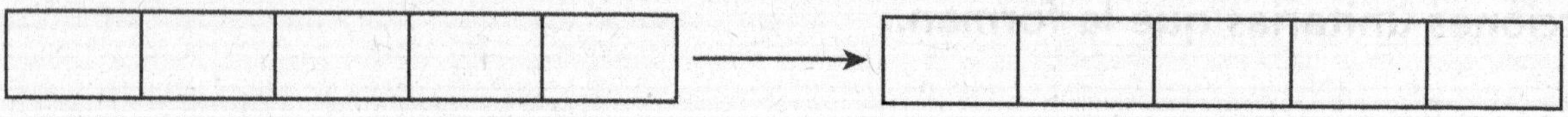

Divide el entero en 5 partes iguales. Sombrea 3 partes.

____

10 **Amplía tu razonamiento** Escribe un problema que represente la barra de fracciones sombreada.

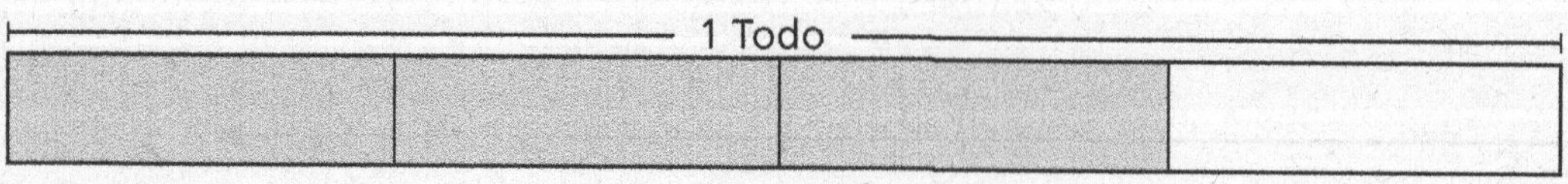

____

____

© Houghton Mifflin Harcourt Publishing Company

Nombre ______________________ Fecha ______________

Divide cada recta numérica en las fracciones unitarias correctas. Luego rotula cada punto. Después, usa óvalos para mostrar la fracción seleccionada.

1. $\frac{1}{3}$

2. $\frac{7}{8}$

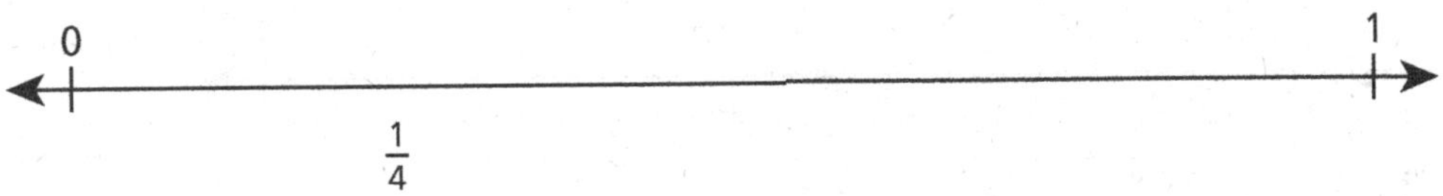

Ubica cada fracción mayor que 1 en la recta numérica.

3. $\frac{7}{4}$

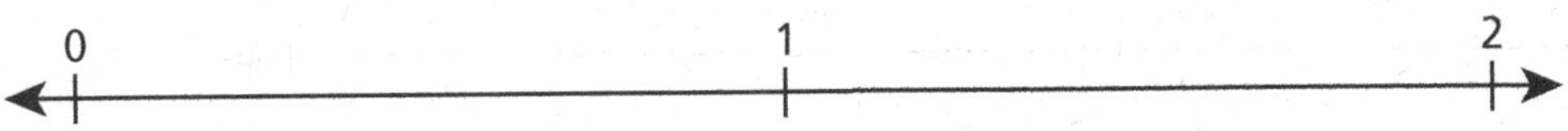

4. $\frac{4}{1}$

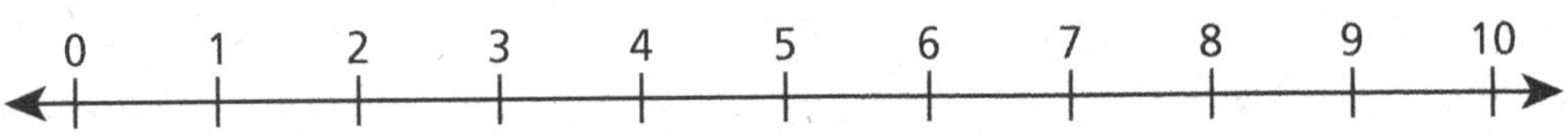

5. $\frac{6}{3}$

6. Explica cómo ubicaste una de las fracciones de los ejercicios 3 a 5.

____

____

____

© Houghton Mifflin Harcourt Publishing Company

4-3
Recuerda

Nombre ______________________ Fecha ______________

Resuelve el problema. Rotula tu respuesta.

1. Aisha empaca 40 libros para el centro de medios. Coloca el mismo número de libros en 8 cajas. ¿Cuántos libros coloca en cada caja?

____

Divide cada recta numérica en las fracciones unitarias correctas. Luego rotula cada punto. Muestra la fracción seleccionada uniendo con un óvalo las fracciones unitarias que la forman.

2. $\frac{2}{6}$ 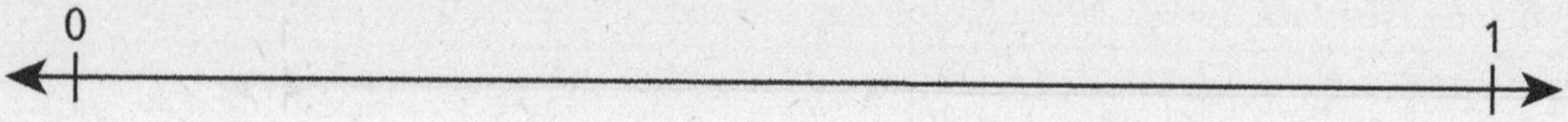

3. $\frac{3}{8}$ 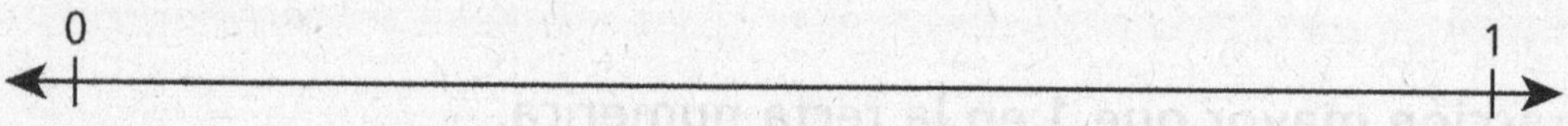

4. $\frac{1}{4}$ 

5. $\frac{5}{6}$ 

6. **Amplía tu razonamiento** Usa los números 3 y 4 para formar una fracción que sea mayor que 1 y una fracción que sea menor que 1. Explica cómo formaste tus fracciones sin usar una recta numérica.

____
____
____
____
____
____

© Houghton Mifflin Harcourt Publishing Company

4-4
Haz la tarea

Nombre ______________________ Fecha ______________

Usa el diagrama. Escribe < o > para comparar las fracciones unitarias.

1. $\frac{1}{3}$ ◯ $\frac{1}{7}$
2. $\frac{1}{3}$ ◯ $\frac{1}{2}$
3. $\frac{1}{6}$ ◯ $\frac{1}{7}$
4. $\frac{1}{2}$ ◯ $\frac{1}{4}$
5. $\frac{1}{5}$ ◯ $\frac{1}{3}$
6. $\frac{1}{4}$ ◯ $\frac{1}{7}$
7. $\frac{1}{8}$ ◯ $\frac{1}{7}$
8. $\frac{1}{6}$ ◯ $\frac{1}{2}$
9. $\frac{1}{3}$ ◯ $\frac{1}{8}$
10. $\frac{1}{8}$ ◯ $\frac{1}{4}$
11. $\frac{1}{5}$ ◯ $\frac{1}{2}$
12. $\frac{1}{5}$ ◯ $\frac{1}{8}$
13. $\frac{1}{6}$ ◯ $\frac{1}{3}$
14. $\frac{1}{4}$ ◯ $\frac{1}{5}$
15. $\frac{1}{6}$ ◯ $\frac{1}{5}$
16. $\frac{1}{5}$ ◯ $\frac{1}{7}$
17. $\frac{1}{4}$ ◯ $\frac{1}{3}$
18. $\frac{1}{2}$ ◯ $\frac{1}{7}$
19. $\frac{1}{8}$ ◯ $\frac{1}{6}$
20. $\frac{1}{2}$ ◯ $\frac{1}{8}$
21. $\frac{1}{6}$ ◯ $\frac{1}{4}$

© Houghton Mifflin Harcourt Publishing Company

4-4 Recuerda

Nombre ______________________ Fecha ______________

Suma o resta.

1 $\begin{array}{r} 465 \\ +\ 184 \\ \hline \end{array}$

2 $\begin{array}{r} 579 \\ -\ 498 \\ \hline \end{array}$

3 $\begin{array}{r} 600 \\ -\ 285 \\ \hline \end{array}$

4 $\begin{array}{r} 539 \\ +\ 281 \\ \hline \end{array}$

Divide cada recta numérica en las fracciones unitarias correctas. Luego rotula cada punto. Muestra la fracción seleccionada uniendo con un óvalo las fracciones unitarias que la forman.

5 $\frac{2}{3}$

6 $\frac{3}{4}$

Haz un dibujo de prueba y resta con números. Muestra lo que desagrupaste.

7 La Sra. Razaki tiene que entregar 235 programas en el concierto. Hasta ahora ha entregado 72. ¿Cuántos programas le quedan?

____

Resuelve el problema.

8 David compra un paquete de 375 pajillas. Usa 182 para construir un puente para un proyecto. ¿Cuántas pajillas le quedan?

____

9 **Amplía tu razonamiento** Zane dice que $\frac{1}{8}$ es mayor que $\frac{1}{4}$ porque 8 es mayor que 4. ¿Estás de acuerdo? Explica.

____

____

____

© Houghton Mifflin Harcourt Publishing Company

4-5
Haz la tarea

Nombre ______________________ Fecha ______________

Compara. Usa $<$, $>$ o $=$.

1. $\frac{3}{4} \bigcirc \frac{3}{8}$
2. $\frac{2}{6} \bigcirc \frac{2}{5}$
3. $\frac{5}{7} \bigcirc \frac{2}{7}$
4. $\frac{1}{6} \bigcirc \frac{1}{8}$
5. $\frac{5}{8} \bigcirc \frac{3}{8}$
6. $\frac{4}{6} \bigcirc \frac{5}{6}$
7. $\frac{4}{4} \bigcirc \frac{3}{3}$
8. $\frac{3}{5} \bigcirc \frac{3}{8}$
9. $\frac{3}{4} \bigcirc \frac{2}{3}$
10. $\frac{2}{4} \bigcirc \frac{4}{4}$
11. $\frac{5}{7} \bigcirc \frac{5}{8}$
12. $\frac{3}{3} \bigcirc \frac{4}{4}$
13. $\frac{8}{8} \bigcirc \frac{6}{8}$
14. $\frac{8}{8} \bigcirc \frac{6}{6}$
15. $\frac{8}{6} \bigcirc \frac{5}{6}$
16. $\frac{4}{8} \bigcirc \frac{6}{8}$

Resuelve. *Muestra tu trabajo.*

17. Selena obtuvo 5 de un total de 6 respuestas correctas en su prueba de ciencias. Su amiga Ana obtuvo 4 de un total de 6 respuestas correctas en su prueba de ciencias. ¿Qué amiga respondió una fracción mayor de respuestas correctamente?

____

18. Jay comió $\frac{2}{3}$ de una pizza de pepperoni. Darrell comió $\frac{2}{4}$ de una pizza de champiñones. Si las bandejas de las pizzas son del mismo tamaño, ¿quién comió una fracción mayor de una pizza entera?

____

© Houghton Mifflin Harcourt Publishing Company

4-5
Recuerda

Nombre ____________________ Fecha ____________

Halla el número desconocido en el dibujo de matriz rápida.

1 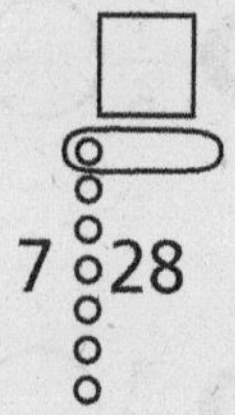

2 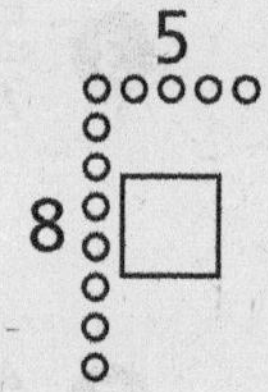

3 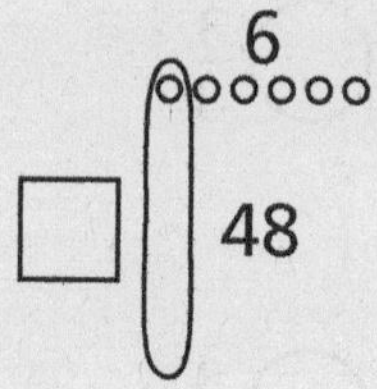

Lee el problema. Luego sigue las instrucciones que están debajo del problema. Éste es un problema de suma:

En las tribunas de un partido de fútbol americano hay 136 personas sentadas. También hay 49 personas de pie. ¿Cuántas personas hay en las tribunas?

4 Resuelve el problema. ____________________

Sombrea la barra de fracciones para mostrar la fracción. Primero, divide la barra de fracciones en las fracciones unitarias correctas.

5 $\frac{3}{4}$ 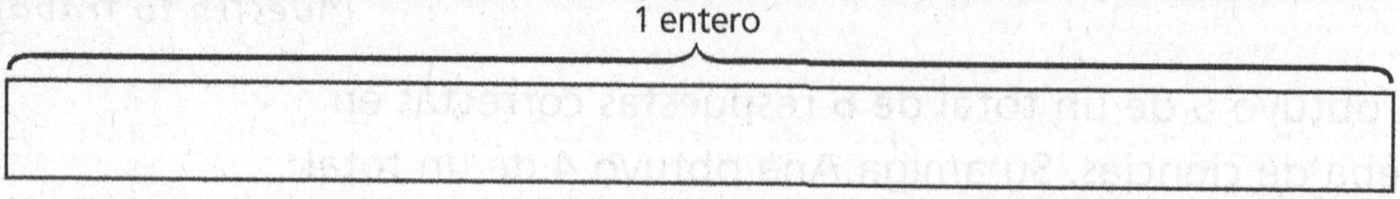

Usa el diagrama. Escribe $<$ o $>$ para comparar las fracciones unitarias.

6 $\frac{1}{3}$ ◯ $\frac{1}{5}$

7 $\frac{1}{6}$ ◯ $\frac{1}{4}$

8 $\frac{1}{3}$ ◯ $\frac{1}{6}$

9 $\frac{1}{5}$ ◯ $\frac{1}{2}$

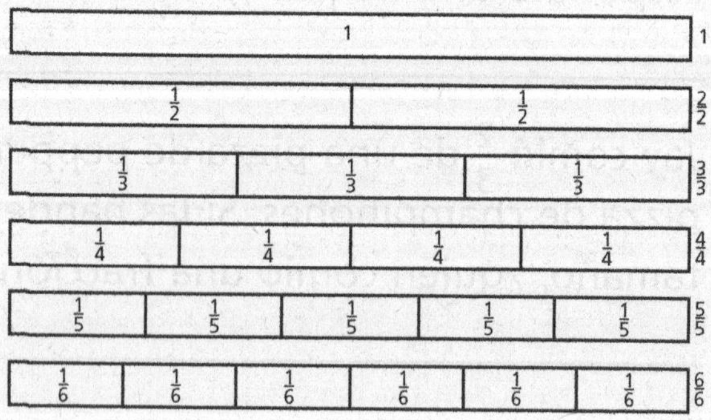

10 **Amplía tu razonamiento** Lauren, Amanda y Cami compran una pizza del mismo tamaño cada una. Cami come $\frac{1}{2}$ de su pizza. Amanda come menos que Cami. Lauren come más que Cami. Escribe dos fracciones tanto para Amanda como para Lauren para mostrar cuánta pizza comieron las niñas.

____

© Houghton Mifflin Harcourt Publishing Company

4-6
Haz la tarea

Nombre ______________________ Fecha ______________

Estima la longitud del segmento de recta en pulgadas. Luego mídelo a la pulgada más cercana.

1 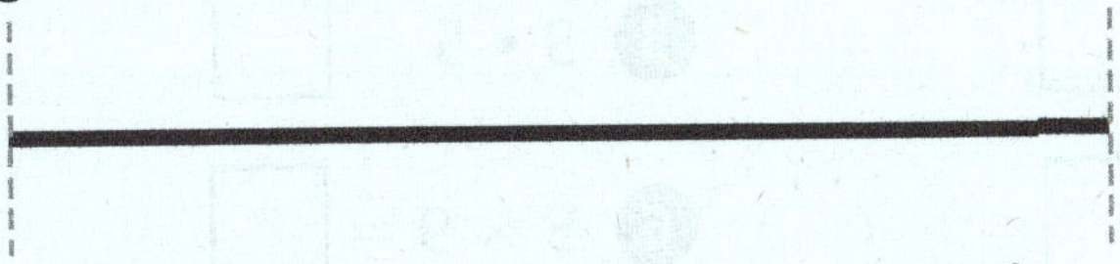

Estimación: ______________ Real: ______________

Estima la longitud del segmento de recta en pulgadas. Luego mídelo a la $\frac{1}{2}$ pulgada más cercana.

2 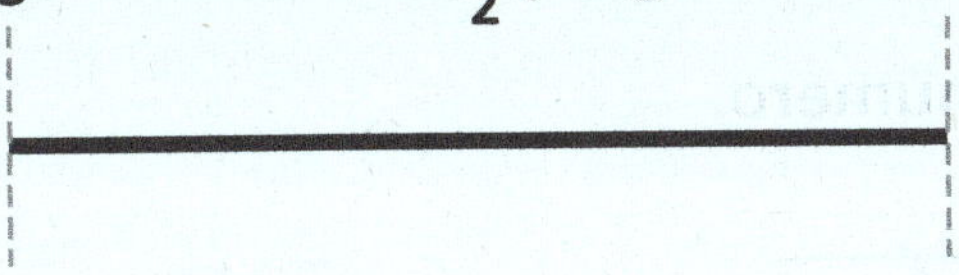

Estimación: ______________ Real: ______________

Estima la longitud de cada segmento de recta en pulgadas. Luego mídelo al $\frac{1}{4}$ de pulgada más cercano.

3 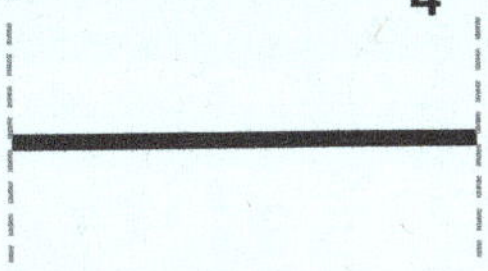

Estimación: ______________ Real: ______________

4 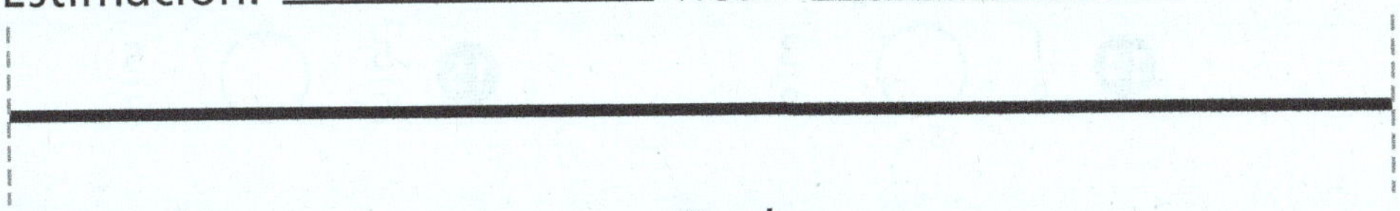

Estimación: ______________ Real: ______________

Dibuja un segmento de recta que tenga la longitud dada.

5 4 pulgadas

6 $3\frac{1}{4}$ pulgadas

7 $4\frac{1}{2}$ pulgadas

8 $\frac{3}{4}$ de pulgada

9 Marta quiere hacer 5 collares de la misma longitud. Les pide a sus amigas que corten el hilo de tal manera que mida lo mismo que 15 sujetapapeles. ¿Los pedazos de hilo serán todos de la misma longitud? Explica tu razonamiento.

____

____

© Houghton Mifflin Harcourt Publishing Company

4-6
Recuerda

Nombre ______________________________ **Fecha** ______________

Resuelve cada ecuación.

1. $4 \times 5 = \square$
2. $10 * 5 = \square$
3. $3 \bullet 5 = \square$
4. $2 * 5 = \square$
5. $1 \bullet 5 = \square$
6. $5 \times 9 = \square$
7. $5 \bullet 7 = \square$
8. $5 * 5 = \square$
9. $5 \times 6 = \square$

Reordena los valores posicionales y escribe el número.

10. 4 unidades + 6 centenas ______________

11. 2 unidades + 3 centenas + 5 decenas ______________

12. 8 decenas + 9 centenas ______________

Compara. Usa <, > o =.

13. $\frac{3}{3} \bigcirc \frac{6}{6}$
14. $\frac{1}{8} \bigcirc \frac{3}{8}$
15. $\frac{5}{6} \bigcirc \frac{5}{7}$

Sombrea la barra de fracciones para mostrar la fracción. Primero divide la barra de fracciones en las fracciones unitarias correctas.

16. $\frac{4}{6}$

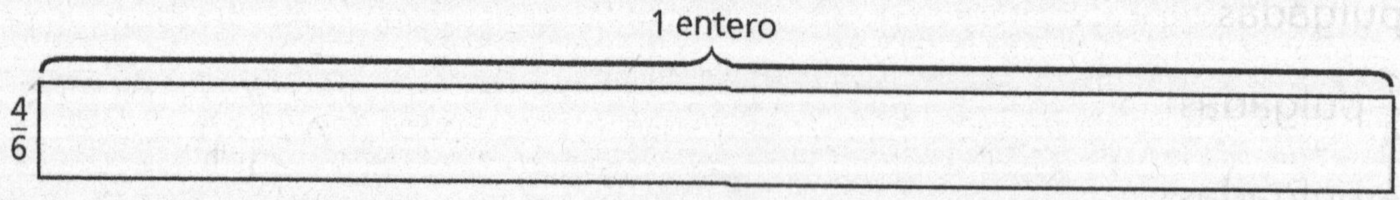

17. **Amplía tu razonamiento** Grace tiene un trozo de cuerda que mide 8 pulgadas de largo. Necesita cortarla en cuatro trozos iguales pero no tiene una regla. Explica una manera en la que Grace puede cortar la cuerda en cuatro trozos iguales.

____

____

© Houghton Mifflin Harcourt Publishing Company

4-7
Haz la tarea

Nombre ______________________ Fecha ______________

Escribe la hora en el reloj digital. Luego escribe cómo decir la hora.

1 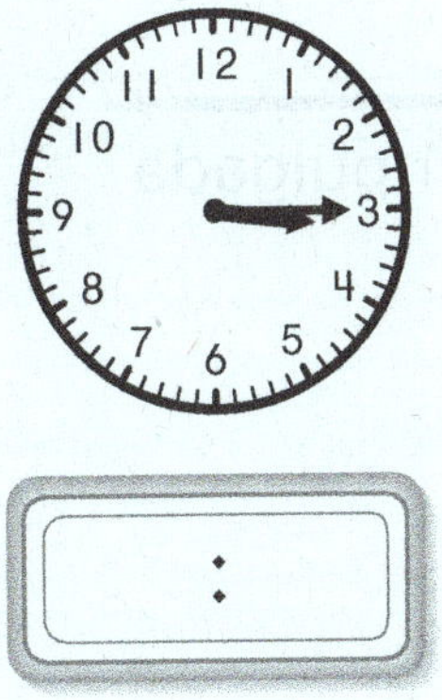

____

2 

____

3 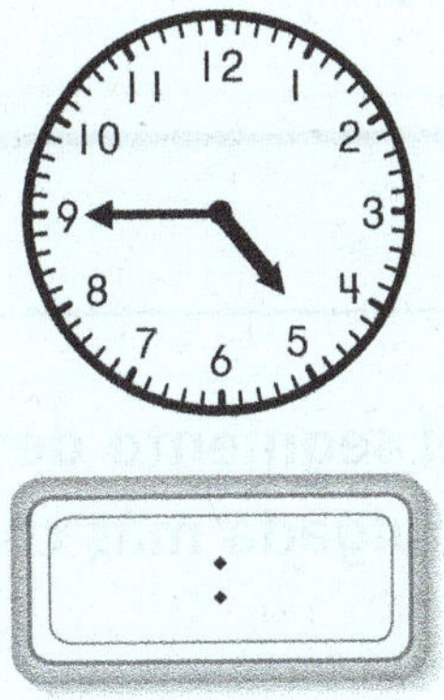

____

4 

____

Dibuja las manecillas en el reloj analógico. Escribe la hora en el reloj digital.

5 veintiocho minutos después de las cuatro

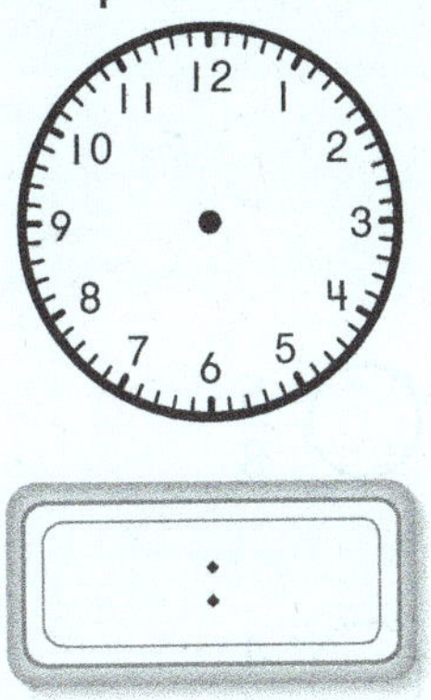

6 seis y cuarenta y cinco

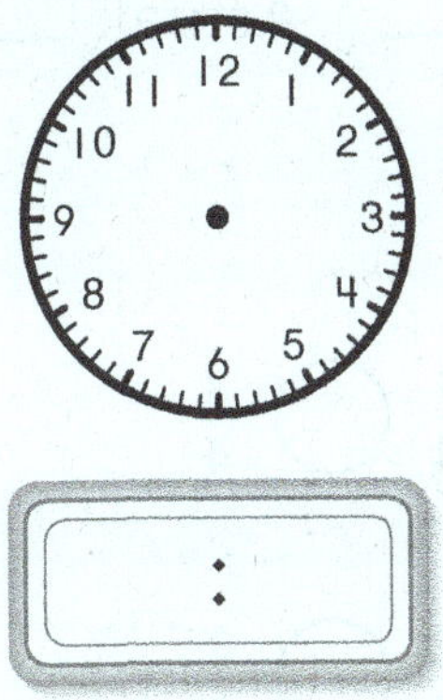

7 un cuarto para las siete

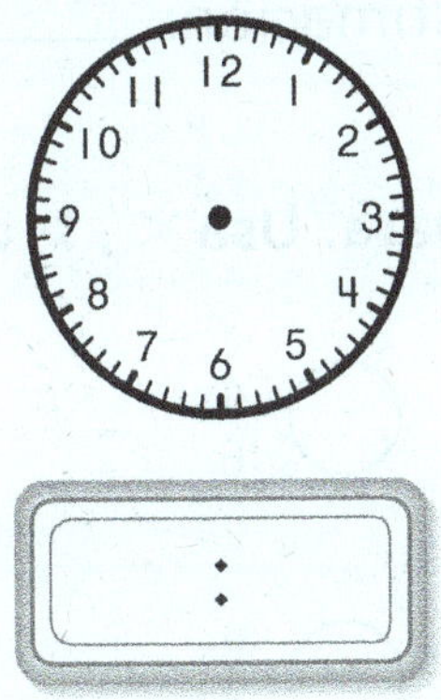

Escribe la hora en el reloj digital. Luego escribe cómo decir la hora.

8 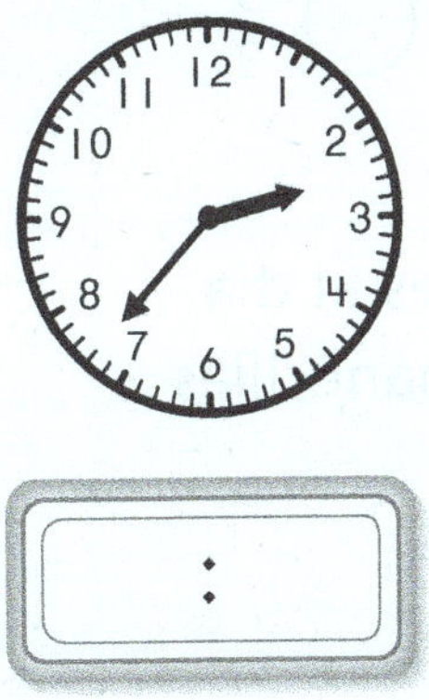

____

9 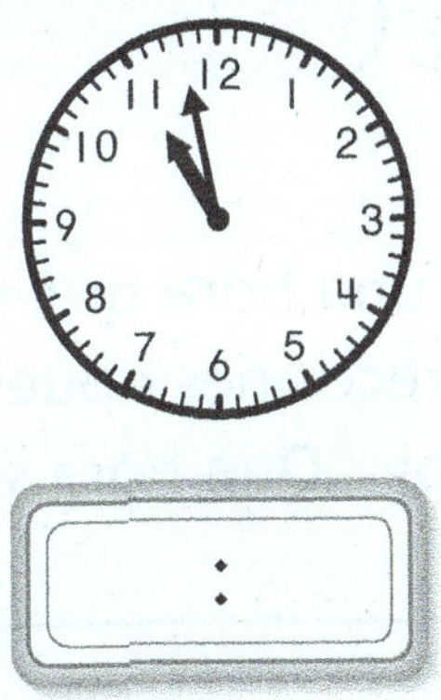

____

10 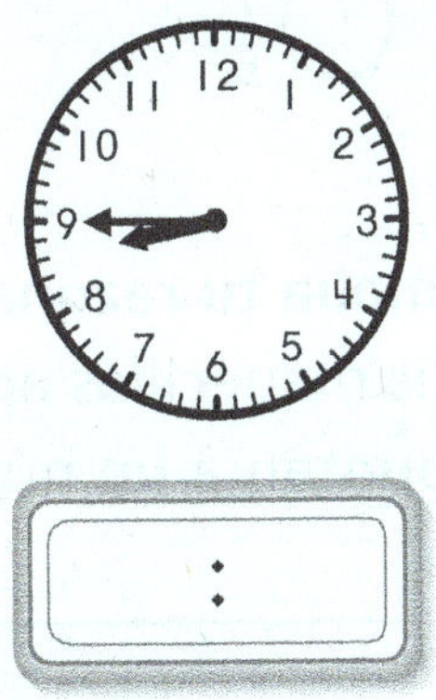

____

© Houghton Mifflin Harcourt Publishing Company

Nombre ______________________ Fecha ______________

Estima la longitud del segmento de recta en pulgadas.
Luego mídelo a la pulgada más cercana.

1 pulgada

1 Estimación: ______________ Real: ______________

Estima la longitud del segmento de recta en pulgadas.
Luego mídelo a la $\frac{1}{2}$ pulgada más cercana.

2 Estimación: ______________ Real: ______________

3 Estimación: ______________ Actual: ______________

Compara. Usa <, > o =.

4 $\frac{3}{6} \bigcirc \frac{4}{6}$ **5** $\frac{1}{4} \bigcirc \frac{3}{4}$ **6** $\frac{5}{6} \bigcirc \frac{5}{8}$

7 $\frac{5}{5} \bigcirc \frac{8}{8}$ **8** $\frac{2}{7} \bigcirc \frac{2}{5}$ **9** $\frac{4}{9} \bigcirc \frac{4}{5}$

10 $\frac{7}{3} \bigcirc \frac{7}{6}$ **11** $\frac{2}{3} \bigcirc \frac{1}{3}$ **12** $\frac{2}{2} \bigcirc \frac{3}{3}$

13 **Amplía tu razonamiento** Soy una hora que ocurre dos veces al día. Mis manecillas apuntan en direcciones opuestas. Mis dos manecillas apuntan a un número del reloj. ¿Qué hora soy?

____

© Houghton Mifflin Harcourt Publishing Company

4-8
Haz la tarea

Nombre ____________________ Fecha ____________

Escribe la hora como minutos *después* de una hora y minutos *antes* de una hora.

1 

____

____

2 

____

____

3 

____

____

4 

____

____

5 

____

____

6 

____

____

7 

____

____

8 

____

____

9 

____

____

© Houghton Mifflin Harcourt Publishing Company

Nombre ______________________ Fecha ____________

Divide cada recta numérica en las fracciones unitarias correctas. Luego rotula cada punto. Muestra la fracción seleccionada uniendo con un óvalo las fracciones unitarias que la forman.

1. $\frac{5}{8}$ 

2. $\frac{4}{6}$ 

Escribe una ecuación y resuelve el problema.

3. Joey cuenta las ventanas del edificio de 3 pisos. Hay 6 ventanas en cada piso. ¿Cuántas ventanas cuenta?

____

4. Kiara da 23 gomas de borrar a la clase de la maestra King. Le quedan 59 gomas de borrar en la gaveta de materiales. ¿Cuántas gomas de borrar tenía Kiara el principio?

____

Escribe la hora en el reloj digital. Luego escribe cómo decir la hora.

5. 

____

6. 

____

7. 

____

8. 

____

9. **Amplía tu razonamiento** Enumera cinco horas distintas en las que los minutos antes son iguales a los minutos después de una hora.

____

© Houghton Mifflin Harcourt Publishing Company

4-9
Haz la tarea

Nombre ______________________ Fecha ______________

Completa.

1. Completa la tabla.

Hora de inicio	Tiempo transcurrido	Hora de finalización
2:00 p. m.		10:00 p. m.
2:27 a. m.		4:45 a. m.
3:30 a. m.	1 hora y 22 minutos	
2:10 p. m.	3 horas y 16 minutos	
	2 horas y 10 minutos	11:00 a. m.
	4 horas y 39 minutos	7:53 p. m.

Resuelve. Usa tu reloj si es necesario.

2. Liza se fue de la biblioteca a las 11:30 a. m. el sábado. Estuvo allí 1 hora y 25 minutos. ¿A qué hora llegó a la biblioteca?

____

3. Andrés estuvo desde las 4:15 p. m. hasta las 5:05 p. m. haciendo tareas domésticas. ¿Cuánto tiempo estuvo Andrés haciendo sus tareas domésticas?

____

4. Arjun llegó al entrenamiento de béisbol a las 5:15 p. m. Entrenó durante 1 hora y 30 minutos. ¿A qué hora terminó el entrenamiento de béisbol?

____

5. Hoy la lección de piano de Sarah comenzó a las 4:15 p. m. Terminó su lección a las 5:10 p. m. ¿Cuánto tiempo estuvo Sarah en la lección de piano?

____

© Houghton Mifflin Harcourt Publishing Company

4-9 Recuerda

Nombre ______________________ Fecha ______________

Multiplica o divide para hallar los números desconocidos.

1. $\frac{30}{3} = \square$
2. $27 \div 9 = \square$
3. $2 \bullet 3 = \square$
4. $7 \times 9 = \square$
5. $5\overline{)20} = \square$
6. $4 * 3 = \square$

Escribe una ecuación y resuelve el problema.

7. Hay 36 estudiantes en el espectáculo. Se sientan en 4 filas iguales. ¿Cuántos estudiantes hay en cada fila?

____

8. La maestra de música colocó 67 sillas para el concierto. La directora colocó 35 sillas para el concierto. ¿Cuántas sillas colocaron en total?

____

Escribe la hora como minutos *después* de una hora y minutos *antes* de una hora.

9. 

____

____

10. 

____

____

11. 

____

____

12. **Amplía tu razonamiento** Escribe un problema en el que una actividad comience a las 8:25 a. m. y termine a la 1:43 p. m.

____

____

____

____

© Houghton Mifflin Harcourt Publishing Company

4-10
Haz la tarea

Nombre ______________________ Fecha ____________

Resuelve los problemas con una recta numérica. Luego muestra otro método.

1. Terry comenzó a ver una película a las 5:45 p. m. La película duró 2 horas y 20 minutos. Luego Terry pasó 25 minutos comiendo un refrigerio. ¿A qué hora terminó Terry de comer el refrigerio?

____

2. Evan se fue de la casa de su amigo a las 5:00 p. m. Estuvo allí 2 horas y 15 minutos. ¿A qué hora llegó Evan a la casa de su amigo?

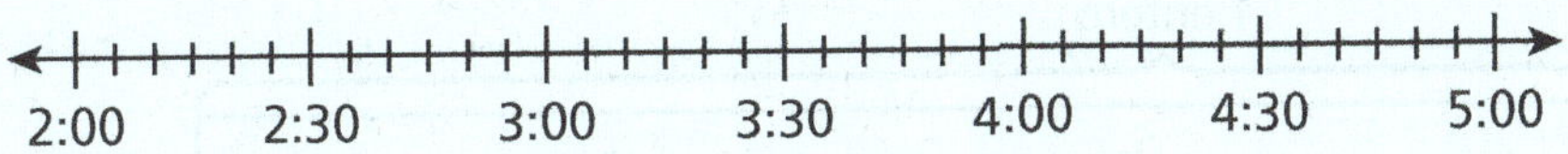

____

3. Haley comenzó a leer su libro a las 9:55 a. m. Leyó durante 1 hora y 35 minutos. Luego pasó 45 minutos haciendo su tarea. ¿A qué hora terminó Haley su tarea?

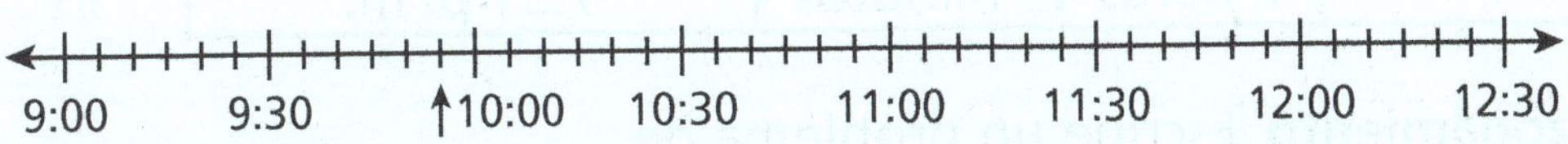

____

4. Myra salió de casa a las 12:45 p. m. Pasó 30 minutos almorzando y 50 minutos viendo un desfile. Luego le tomó 15 minutos manejar a casa. ¿A qué hora llegó Myra a casa?

____

© Houghton Mifflin Harcourt Publishing Company

Nombre ______________________ Fecha ____________

Dibuja las manecillas en el reloj analógico. Escribe la hora en el reloj digital.

1. Cinco y cuarto

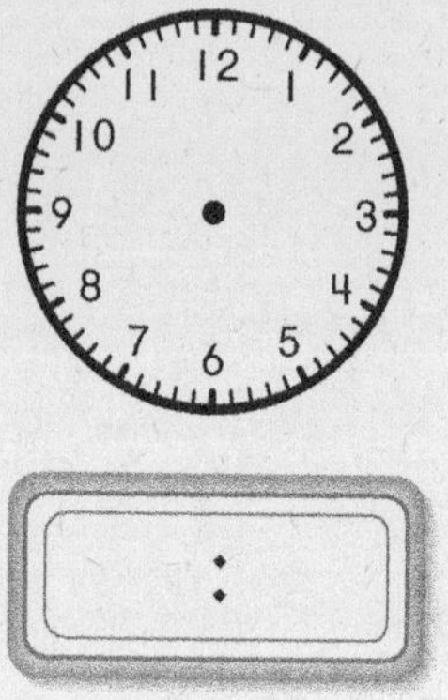

2. cuarenta y ocho minutos después de las siete

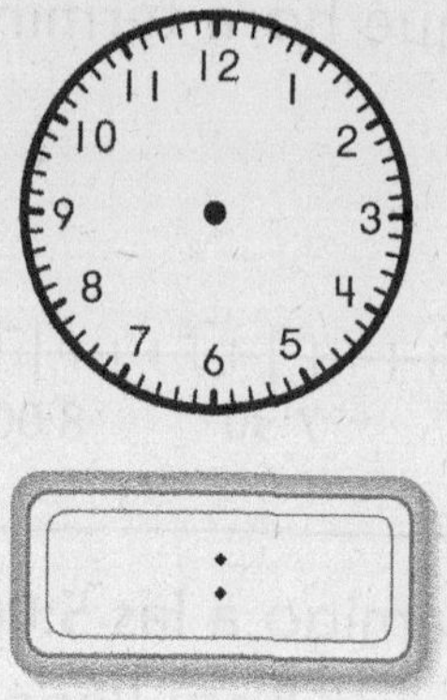

3. diez treinta

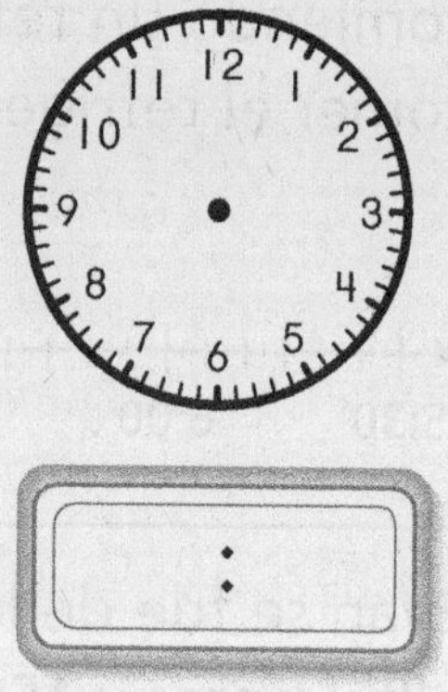

Sombrea la barra de fracciones para mostrar la fracción. Primero divide la barra de fracciones en las fracciones unitarias correctas.

4. 1 entero

$\frac{1}{3}$

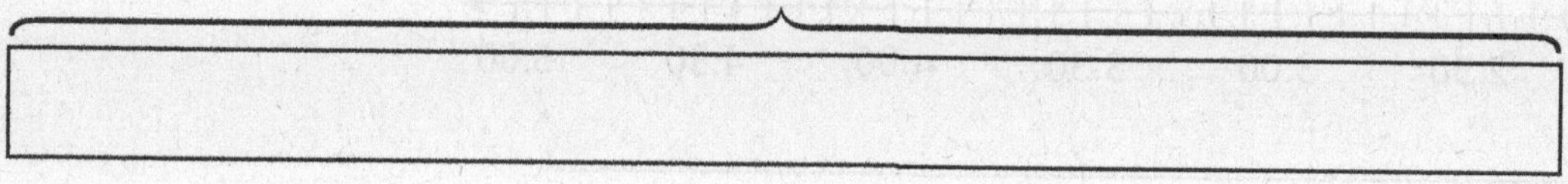

5. Completa la tabla.

Hora de inicio	Tiempo transcurrido	Hora de finalización
9:32 a. m.	1 hora 23 minutos	
1:19 p. m.		5:37 p. m.
	2 horas 45 minutos	7:31 p. m.

6. **Amplía tu razonamiento** Escribe un problema de hora de dos pasos usando la recta numérica en la que la hora de inicio sea 4:50. Usa la siguiente recta numérica para mostrar cómo resolverlo.

____

____

____

© Houghton Mifflin Harcourt Publishing Company

4-11
Haz la tarea

Nombre ______________________ Fecha ______________

Resuelve. Usa un reloj o haz un diagrama de recta numérica si es necesario.

1. Rhea llegó al centro comercial a las 3:45 p. m. Almorzó durante 45 minutos y luego hizo compras durante 55 minutos antes de irse del centro comercial. ¿Cuánto tiempo pasó Rhea en el centro comercial?

   ____

2. La Sra. Cox hornea un jamón para la cena. Le toma 1 hora y 30 minutos hornearlo. La familia come a las 6:15 p. m. ¿A qué hora debería poner el jamón en el horno la Sra. Cox?

   ____

3. Dina empezó las tareas domésticas a las 8:15 a. m. y terminó a las 9:05 a. m. Le tomó 30 minutos limpiar su habitación y pasó el resto del tiempo bañando a su perro. ¿Cuánto tiempo pasó Dina bañando a su perro?

   ____

4. Jerry terminó de patinar a las 7:00 p. m. Patinó durante 1 hora y 45 minutos. ¿A qué hora comenzó a patinar?

   ____

5. Jason comenzó su proyecto a las 2:30 p. m. y terminó 2 horas y 15 minutos después. Hizo investigación durante 25 minutos, escribió un informe durante 30 minutos y dedicó el resto del tiempo a hacer un modelo. ¿A qué hora terminó su proyecto? ¿Cuánto tiempo dedicó a hacer modelo?

   ____

© Houghton Mifflin Harcourt Publishing Company

4-11
Recuerda

Nombre ______________________ Fecha ______________

Resuelve cada problema.

Muestra tu trabajo.

1. Un granjero hace pilas de 4 fardos de heno. Hace 6 pilas. ¿Cuántos fardos de heno apila?

____

2. Lilly tiene 85 conchas de mar en su colección. Da 13 conchas de mar a su mejor amiga. Coloca el resto de sus conchas de mar en grupos de 9. ¿Cuántos grupos forma?

____

Resuelve.

3. William y Hannah fueron a la bolera a las 5:30 p. m. Jugaron a los bolos durante 1 hora y 20 minutos. Luego jugaron videojuegos durante 30 minutos. Después de los videojuegos, volvieron a casa. ¿A qué hora se fueron?

____

4. **Amplía tu razonamiento** Tony prepara la cena. Comienza a cocinar a distintas horas, de manera que todos los alimentos estén listos a la misma hora. El pollo demora 25 minutos en cocinarse, el arroz demora 40 minutos en cocinarse y las habichuelas demoran 15 minutos en cocinarse. Todos los alimentos están listos a las 5:33 p. m. ¿A qué hora comenzó a cocinar cada alimento?

____

____

© Houghton Mifflin Harcourt Publishing Company

4-12
Haz la tarea

Nombre ______________________ Fecha ______________

Usa la gráfica de barras horizontal es para responder cada pregunta.

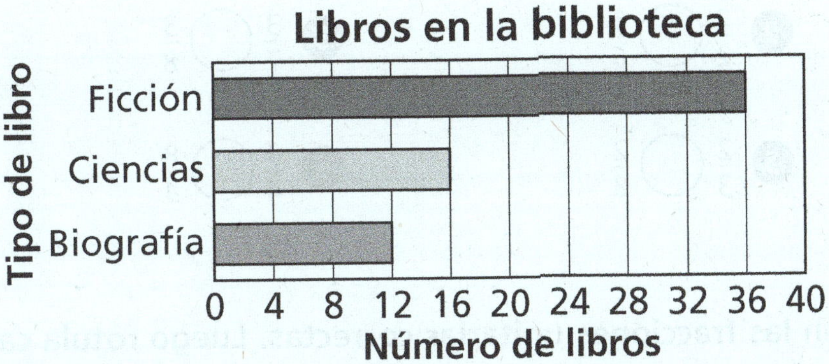

1 ¿Cuántos libros de ficción hay en la biblioteca? ______________

2 ¿Cuántos libros más de ciencias que biografías hay? ______________

3 Escribe dos preguntas que se puedan responder con la gráfica.

____

____

Usa la gráfica de barras vertical es para responder cada pregunta.

4 ¿Cuántos gatos y perros hay en la residencia? ______________

5 ¿Cuál es el tipo de mascota menos común en la residencia? ______________

6 Escribe dos preguntas que se puedan responder con la gráfica.

____

____

____

____

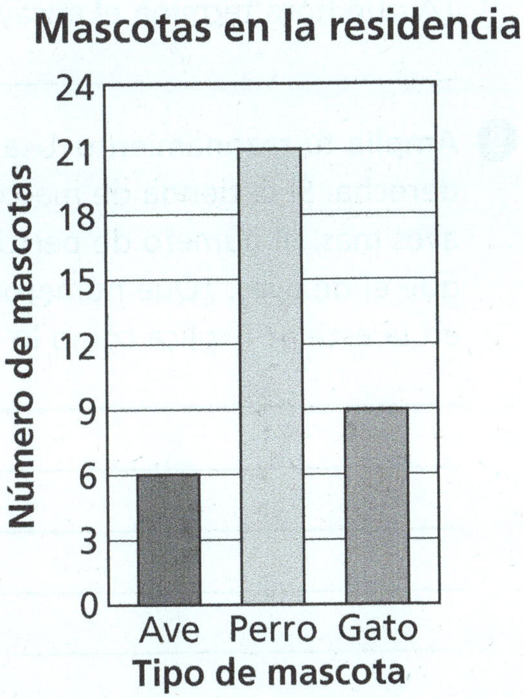

© Houghton Mifflin Harcourt Publishing Company

Nombre ______________________ Fecha ______________

Compara. Usa $<$, $>$ o $=$.

1. $\frac{1}{4} \bigcirc \frac{1}{5}$
2. $\frac{2}{2} \bigcirc \frac{6}{6}$
3. $\frac{3}{7} \bigcirc \frac{3}{8}$
4. $\frac{4}{6} \bigcirc \frac{5}{6}$
5. $\frac{2}{3} \bigcirc \frac{2}{8}$
6. $\frac{9}{4} \bigcirc \frac{8}{4}$

Divide la recta numérica en las fracciones unitarias correctas. Luego rotula cada punto. Muestra la fracción seleccionada uniendo con un óvalo las fracciones unitarias que la forman.

7. $\frac{6}{8}$

Resuelve. Usa un reloj o haz un diagrama de recta numérica como apoyo.

8. Emily llega a la escuela a las 8:35 a. m. Juntas, la clase de lectura y matemáticas duran 1 hora y 35 minutos. Luego Emily va a ensayar con la banda durante 45 minutos. ¿A qué hora termina el ensayo con la banda?

____

9. **Amplía tu razonamiento** Usa la gráfica de la derecha. Si la tienda de mascotas tuviera 10 aves más, el número de perros sería el doble que el de aves. ¿Qué números debería haber en la escala? Explica cómo lo resolviste.

____
____
____
____
____

© Houghton Mifflin Harcourt Publishing Company

4-13
Haz la tarea

Nombre ______________________ Fecha ______________

Usa la gráfica de barras verticales para responder las preguntas.

Festival de lectura de Sunnytown

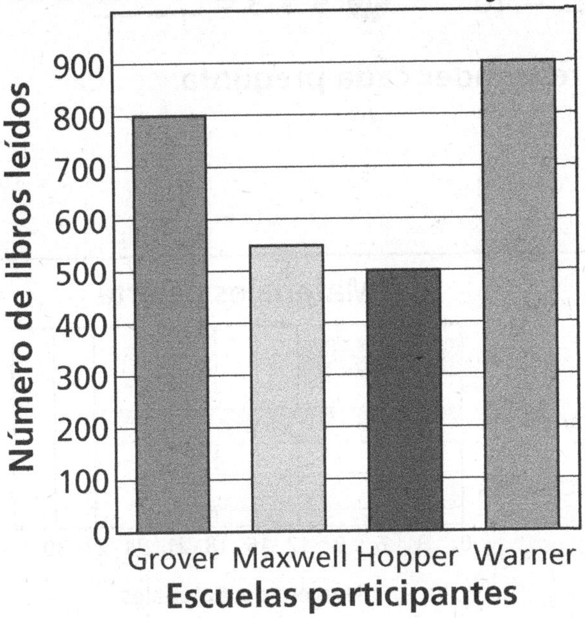

1. Aproximadamente, ¿cuántos libros leyeron los estudiantes de la escuela Maxwell?

____

2. ¿Cuántos libros más leyeron los estudiantes de la escuela Grover que los estudiantes de la escuela Hopper?

____

3. ¿Cuántos libros menos leyeron los estudiantes de la escuela Hopper que los estudiantes de la escuela Warner?

____

4. ¿Cuántos libros más necesitan leer los estudiantes de Maxwell para tener el mismo número de libros que la escuela Warner?

____

5. Usa la información de esta tabla para hacer una gráfica de barras verticales.

Puntajes en pinball

Jugador	Puntos
Trina	500
Mindy	350
Warren	200

Puntajes en pinball

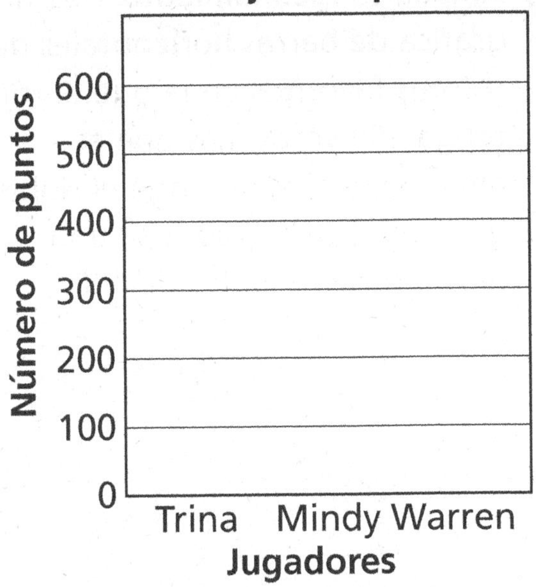

© Houghton Mifflin Harcourt Publishing Company

4-13
Recuerda

Nombre ______________________ Fecha ______________

Multiplica o divide para hallar los números desconocidos.

1. $16 =$ _______ $\times 4$
2. _______ $= 4 \times 8$
3. $42 \div 7 =$ _______
4. $8 = 56 \div$ _______
5. $2 \times$ _______ $= 10$
6. $9 \times 3 =$ _______

Usa la gráfica de barras horizontales para responder cada pregunta.

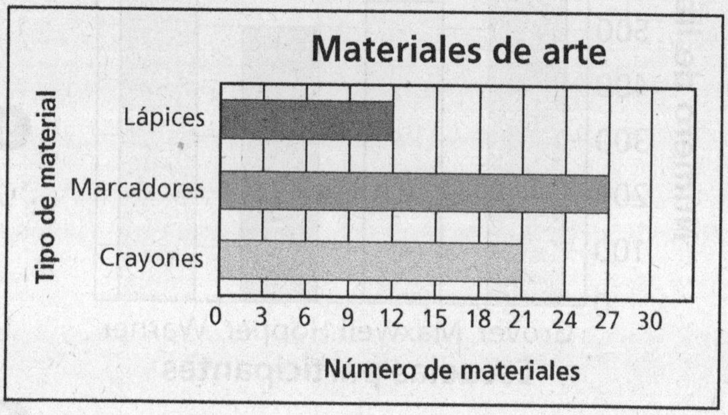

7. ¿Cuántos marcadores hay?

____

8. ¿Cuántos crayones más que lápices hay?

____

9. ¿Cuántos lápices menos que marcadores hay?

____

10. Escribe tu propia pregunta que se pueda responder con la gráfica. Las respuestas variarán.

____

____

11. **Amplía tu razonamiento** Haz una gráfica de barras horizontales de colores favoritos en la que el rojo tenga 300 votos más que el amarillo, y el azul tenga el doble de votos que el rojo. Usa una escala con intervalos de 100.

© Houghton Mifflin Harcourt Publishing Company

4-14
Haz la tarea

Nombre ______________________ Fecha ______________

Mide la longitud de 12 zapatos en tu casa a la $\frac{1}{2}$ pulgada más cercana. Anota los datos en la tabla de conteo y luego haz una tabla de frecuencias.

1

Tabla de conteo	
Longitud	Conteo

Tabla de frecuencias	
Longitud	Conteo

Usa los datos de arriba para hacer un diagrama de puntos.

2

Longitud de los zapatos (en pulgadas)

Usa la representación de datos para responder las preguntas.

3 ¿Cuál es la longitud del zapato más corto? ______________

4 ¿Cuál es la longitud del zapato más largo? ______________

5 ¿Qué longitud aparece con más frecuencia? ______________

6 Escribe una pregunta que se pueda responder con los datos representados en el diagrama de puntos.

____

© Houghton Mifflin Harcourt Publishing Company

Nombre ________________________ Fecha ____________

Completa.

1. $9 + (3 \times 0) = \square$
2. $21 \times 1 = \square$
3. $4 \times (3 + 3) = \square$
4. $3 \times (5 + 1) = \square$
5. $5 \times 9 = 9 \times \square = \square$
6. $(9 + 1) \times 3 = \square$

Usa la gráfica de barras verticales para responder las preguntas.

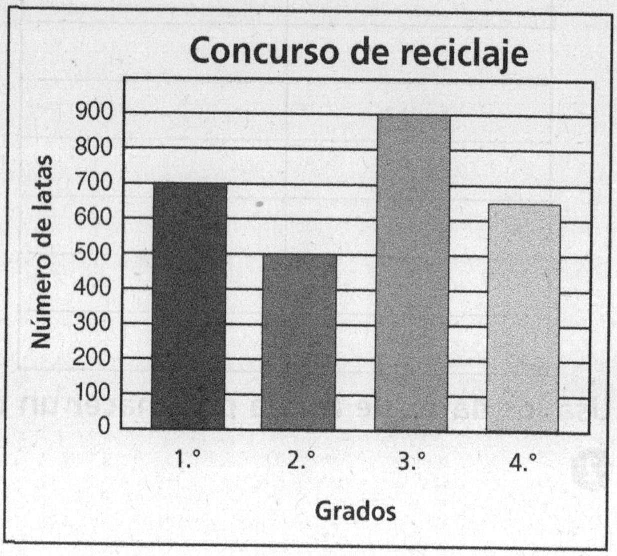

7. ¿Cuántas latas más recolectó el tercer grado que el segundo grado? ____________

8. ¿Cuántas latas menos recolectó el segundo grado que el primer grado? ____________

9. Aproximadamente, ¿cuántas latas más tendría que recolectar el cuarto grado para tener el mismo número que el grado con más latas? ____________

10. **Amplía tu razonamiento** Necesitas hallar cuántos estudiantes hicieron un dibujo en menos de 12 minutos. ¿Qué representación de datos es más fácil de usar para hallar la respuesta? Explica.

Minutos para hacer un dibujo			
Steve	10	Rob	14
Lauren	12	Nikki	13
Claudia	14	Jose	15
Erin	15	Tom	15
Joe	13	Helen	11
Greg	15	Tim	14

Minutos para hacer un dibujo

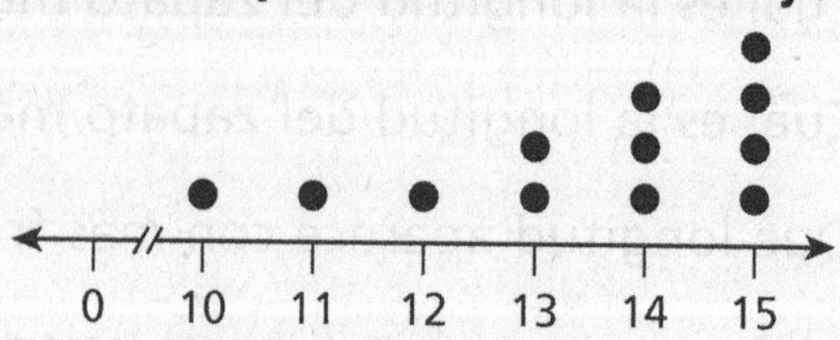

Número de minutos

____

____

____

© Houghton Mifflin Harcourt Publishing Company

4-15
Haz la tarea

Nombre ____________________ Fecha ____________

La entrenadora del equipo de fútbol femenino midió la estatura de las jugadoras a la $\frac{1}{2}$ pulgada más cercana. Anotó las estaturas en el diagrama de puntos a continuación.

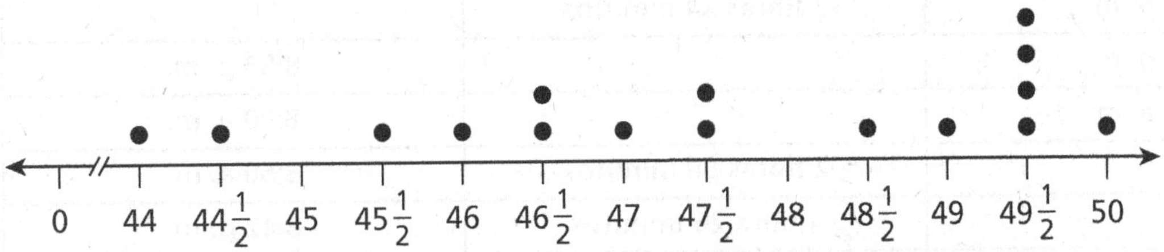

Estatura de las jugadoras de fútbol (en pulgadas)

Usa el diagrama de puntos para resolver los problemas.

1. ¿Cuántas jugadoras miden $47\frac{1}{2}$ pulgadas de estatura?

   ____

2. ¿Cuál es la diferencia de estatura entre la jugadora más alta del equipo y la jugadora más baja?

   ____

3. ¿Cuál es la estatura más frecuente?

   ____

4. ¿Cuántas jugadoras hay en el equipo de fútbol?

   ____

5. ¿Hay más jugadoras que miden $47\frac{1}{2}$ pulgadas de estatura y más o menos de $47\frac{1}{2}$ pulgadas de estatura?

   ____

6. ¿Cuántas jugadoras más miden $49\frac{1}{2}$ pulgadas de estatura que $46\frac{1}{2}$ pulgadas de estatura?

   ____

© Houghton Mifflin Harcourt Publishing Company

Nombre ______________________ Fecha ______________

Completa la tabla.

1

Hora de inicio	Tiempo transcurrido	Tiempo de finalización
8:42 a. m.	1 hora 13 minutos	
2:13 p. m.	3 horas 24 minutos	
6:39 p. m.		8:53 p. m.
3:09 a. m.		8:00 a. m.
	2 horas 30 minutos	3:50 a. m.
	1 hora 26 minutos	8:42 p. m.

Usa los datos de abajo para hacer un diagrama de puntos.

2

Longitud de los lápices en pulgadas			
Lizzie	$7\frac{1}{2}$	Carl	6
Mario	5	Aja	6
Jenn	$6\frac{1}{2}$	Joe	$7\frac{1}{2}$
Travis	7	Jung	7
Karen	6	Terrell	7

Longitud de los lápices

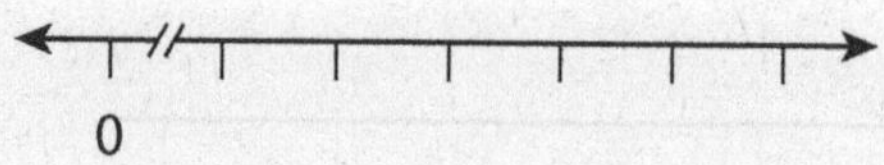

Número de pulgadas

3 **Amplía tu razonamiento** Necesitas hallar la estatura de la mayoría de los estudiantes de tercer grado de tu escuela. ¿Qué tipo de representación de datos usarías? Explica.

____

____

____

© Houghton Mifflin Harcourt Publishing Company

4-16
Haz la tarea

Nombre ______________________ Fecha ______________

Mide la longitud de la sonrisa de 10 personas a la $\frac{1}{2}$ pulgada más cercana.

1. Anota las longitudes en el recuadro de abajo.

____
____
____
____
____
____
____
____
____
____

2. Organiza los datos de medición en una tabla de frecuencias y un diagrama de puntos.

Tabla de frecuencias	
Longitud	**Conteo**

Diagrama de puntos

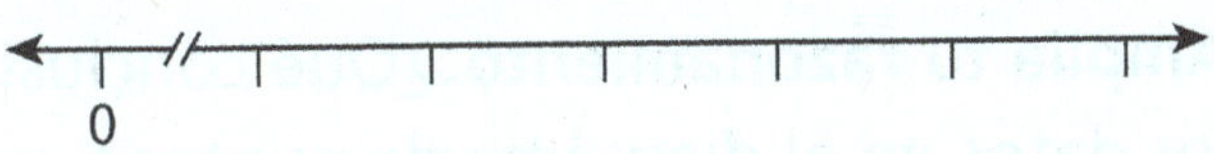

____

3. Describe qué muestra tu diagrama de puntos.

____
____

© Houghton Mifflin Harcourt Publishing Company

4-16
Recuerda

Nombre ______ Fecha ______

Resuelve.

1. En la sala de conciertos hay una 831 espectadores. Se entregan 162 pases especiales para conocer a los músicos. ¿Cuántos espectadores no reciben pases especiales?

______

2. La maestra de arte pide 297 hojas de cartulina, 104 hojas de papel brillante y 185 hojas de papel metalizado. ¿Cuántas hojas de papel pide?

______

Usa el diagrama de puntos para resolver los problemas.

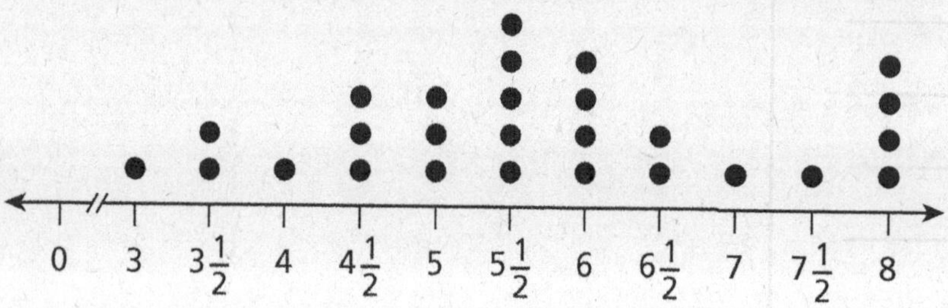

Tiempo en horas de ejercicio durante 1 semana

3. ¿Cuántos ejercitaron durante 6 horas?

______

4. ¿Hay más personas que hacen menos de 5 horas o más de 6 horas de ejercicio?

______

5. **Amplía tu razonamiento** ¿Qué conclusión puedes sacar sobre los datos en el diagrama de puntos?

______

______

© Houghton Mifflin Harcourt Publishing Company

Nombre ______________________ Fecha ____________

Dibuja cada rectángulo en el papel de puntos.
Halla el perímetro y el área.

1. Un rectángulo que mide 5 cm de largo y 3 cm de ancho

Perímetro = ____________

Área = ____________

2. Un rectángulo que mide 3 cm de largo y 3 cm de ancho

Perímetro = ____________

Área = ____________

Halla el perímetro y el área de cada figura. Recuerda incluir las unidades correctas en tus respuestas.

3. 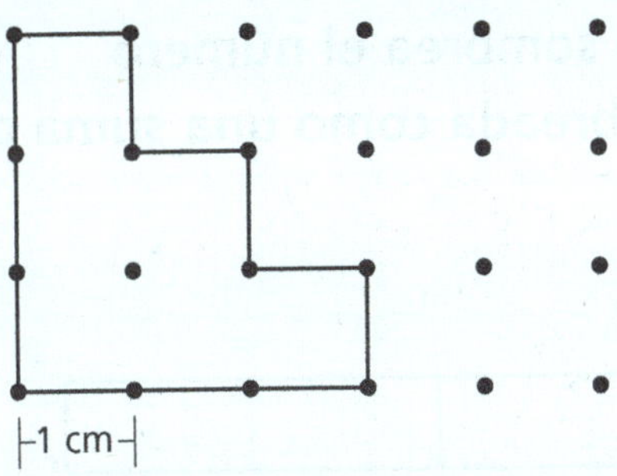

Perímetro = ____________

Área = ____________

4. 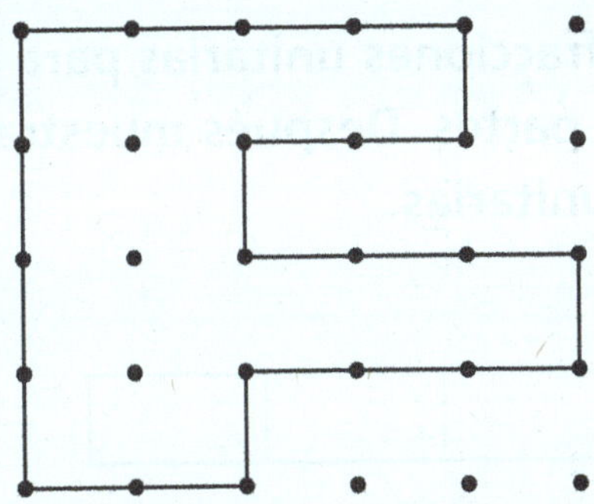

Perímetro = ____________

Área = ____________

5. Harvey quiere pintar una pared de su habitación con cuadrados de diferentes colores. Quiere que los lados de cada cuadrado midan 1 pie. No quiere repetir ningún color. La pared mide 8 pies de alto y 10 pies de largo. ¿Cuántos colores diferentes necesita Harvey?

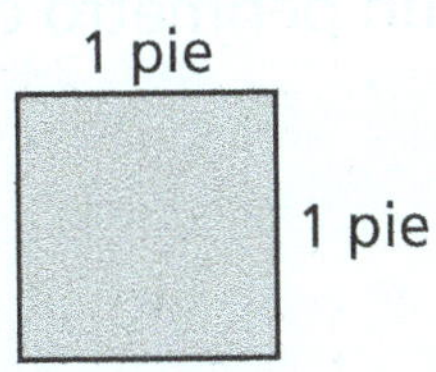

____

© Houghton Mifflin Harcourt Publishing Company

Nombre ______________________ Fecha ____________

Usa los datos para hacer un diagrama de puntos.

1

Longitud de los crayones en pulgadas			
Tony	$3\frac{1}{2}$	Ellen	$2\frac{1}{2}$
Rocky	1	Alea	3
Joanna	$2\frac{1}{2}$	Paul	$3\frac{1}{2}$
Trisha	2	Chun	3
Kobe	3	Kurt	4

Longitud de los crayones

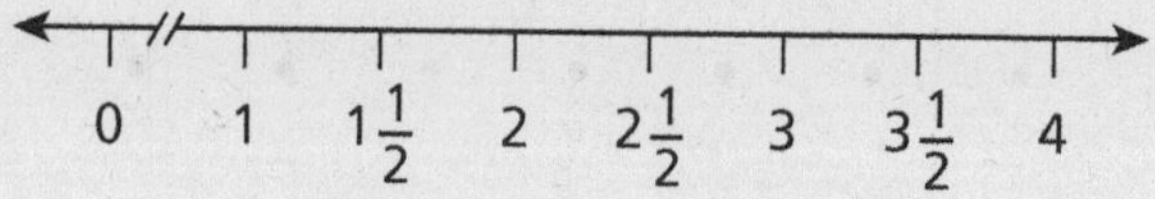

Número de pulgadas

Usa la representación de datos para responder las preguntas.

2 ¿Qué longitud aparece con mayor frecuencia? ______________

3 ¿Cuál es la longitud del crayón más corto? ______________

4 ¿Cuál es la diferencia de longitud entre el crayón más corto y el más largo? ______________

Escribe las fracciones unitarias para el entero. Luego sombrea el número correcto de partes. Después muestra la fracción sombreada como una suma de fracciones unitarias.

5

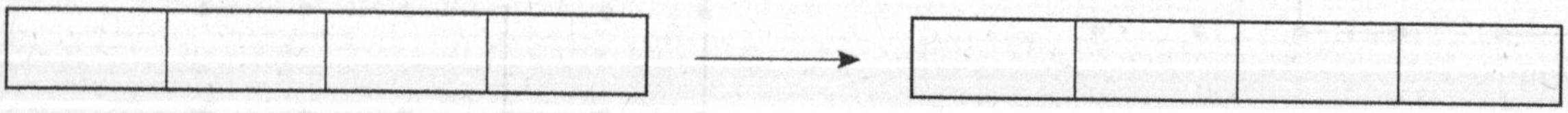

Divide el entero en 4 partes iguales. Sombrea 3 partes.

______________ ______________

6 **Amplía tu razonamiento** Dibuja una figura que tenga un perímetro de 12 cm y un área de 6 cm^2.

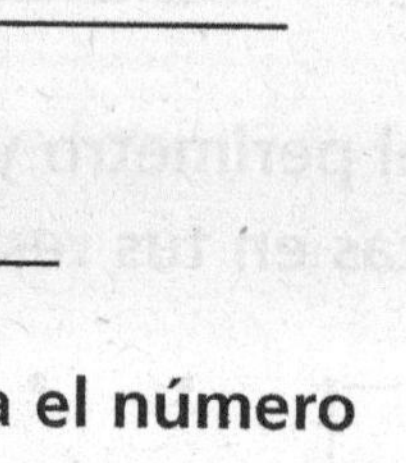

© Houghton Mifflin Harcourt Publishing Company

Nombre ______________________ **Fecha** ____________

Escribe una ecuación para el área de cada rectángulo.

1

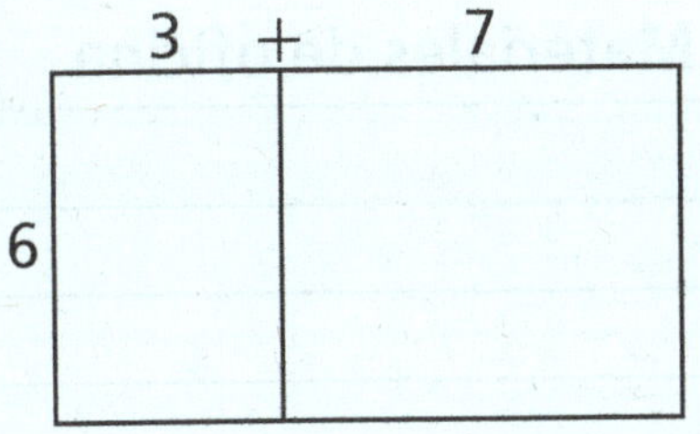

2

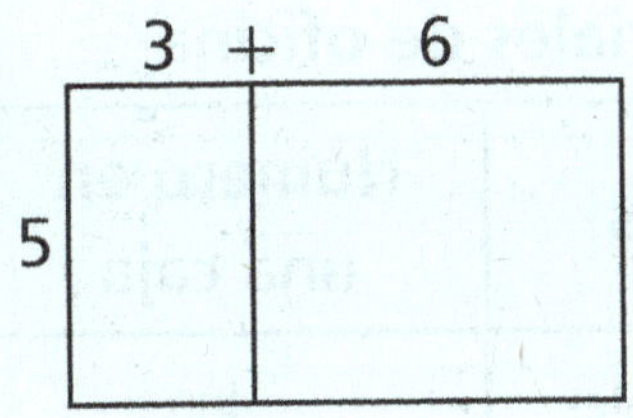

Halla la longitud lateral desconocida en cada diagrama.

3

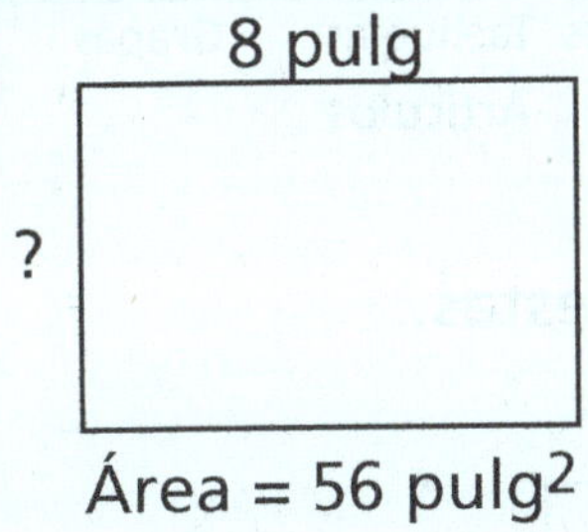

4

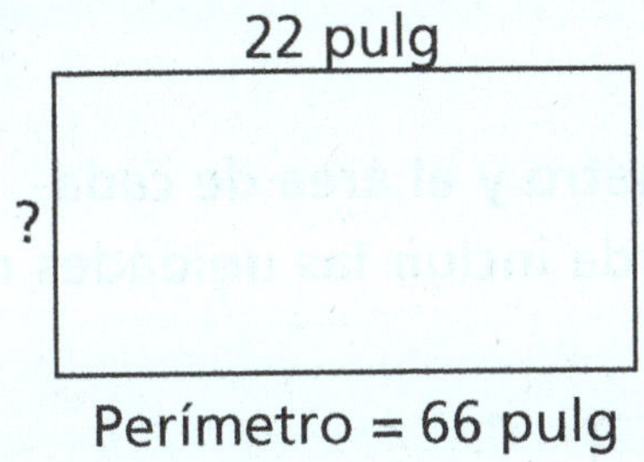

5

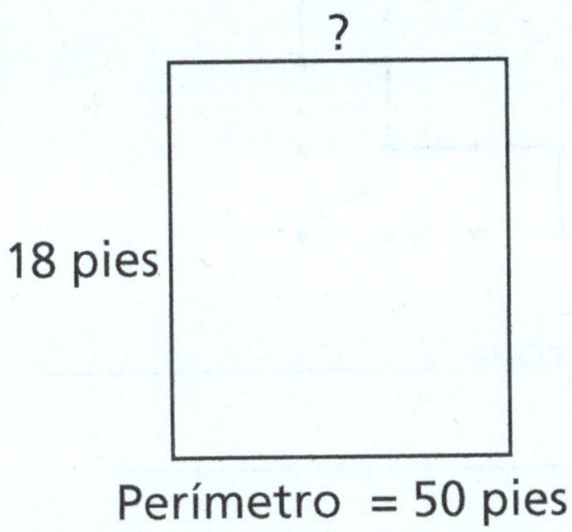

6

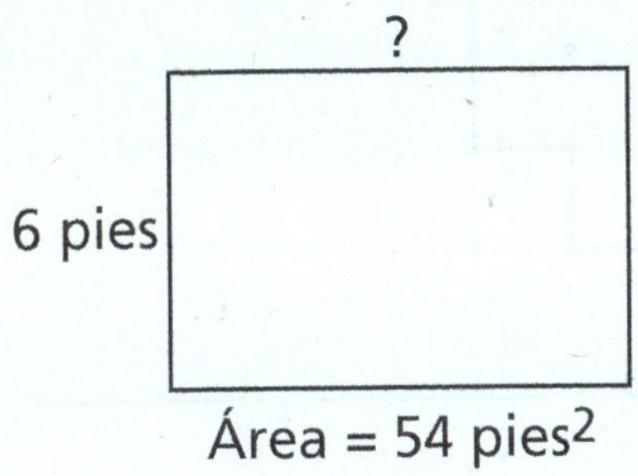

Resuelve.

7 Sarah recubre una bandeja cuadrada con azulejos cuadrados de 1 pulgada. La longitud lateral de la bandeja es de 9 pulgadas. ¿Cuántos azulejos necesita Sarah?

8 Mark pega una cinta alrededor de un marco de fotos. El marco mide 11 pulgadas de largo y 7 pulgadas de ancho. ¿Cuánta cinta necesita Mark?

© Houghton Mifflin Harcourt Publishing Company

5-2
Recuerda

Nombre ____________________ Fecha ____________

Usa la información de la tabla para hacer una gráfica de barras verticales.

1 **Materiales de oficina**

Artículos	Número en una caja
Sujetapapeles	400
Tachuelas	250
Grapas	300

Materiales de oficina

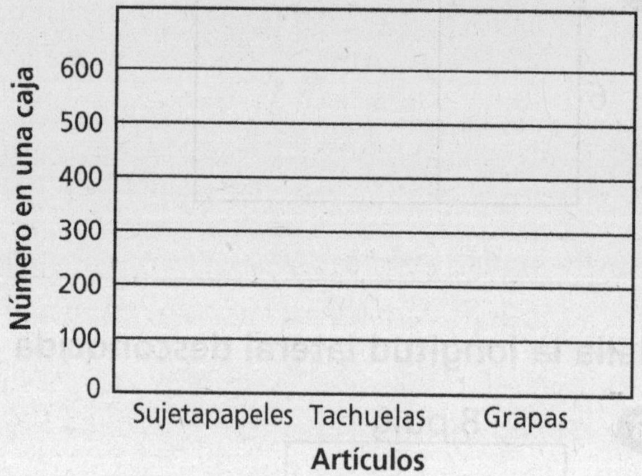

Halla el perímetro y el área de cada figura. Recuerda incluir las unidades correctas en tus respuestas.

2

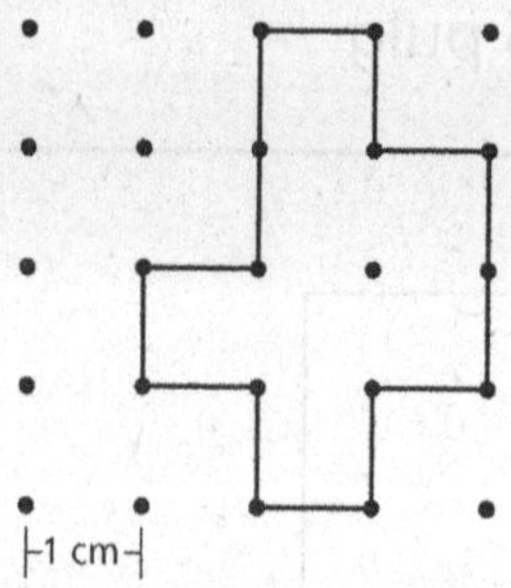

Perímetro = ____________

Área = ____________

3

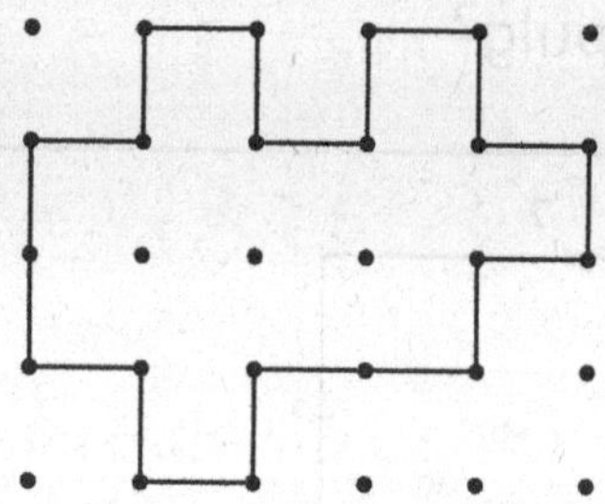

Perímetro = ____________

Área = ____________

4 **Amplía tu razonamiento** Completa los números desconocidos. Explica cómo lo resolviste.

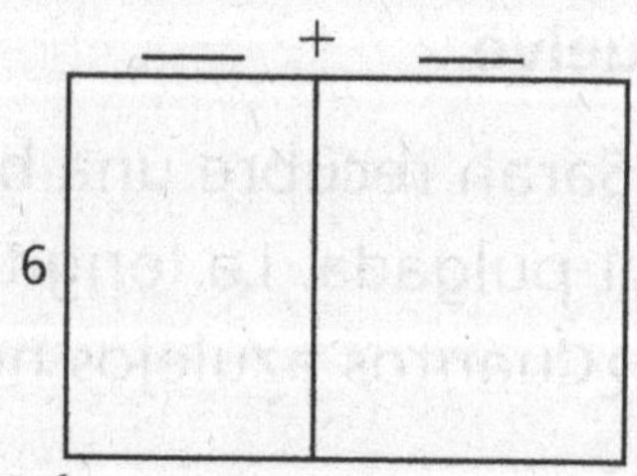

Área = $54\ cm^2$

____

____

____

____

____

© Houghton Mifflin Harcourt Publishing Company

5-3
Haz la tarea

Nombre ______ Fecha ______

Completa.

1. En papel isométrico punteado de centímetros, dibuja todos los rectángulos posibles que tengan un perímetro de 16 cm y lados cuya longitud sean centímetros enteros. Rotula la longitud de dos lados adyacentes de cada rectángulo.

2. Halla y rotula el área de cada rectángulo. Luego completa la tabla.

3. Compara la forma de los rectángulos con menor y mayor área.

Rectángulos con un perímetro de 16 cm	
Longitud de dos lados adyacentes	Área

______

______

4. En papel isométrico punteado de centímetros, dibuja todos los rectángulos posibles que tengan un área de 16 cm cuadrados y lados cuya longitud sean centímetros enteros. Rotula la longitud de dos lados adyacentes de cada rectángulo.

5. Halla y rotula el perímetro de cada rectángulo. Luego completa la tabla.

Rectángulos con un área de 16 cm^2	
Longitud de dos lados adyacentes	Perímetro

6. Compara la forma de los rectángulos con menor y mayor perímetro.

______

______

© Houghton Mifflin Harcourt Publishing Company

5-3
Recuerda

Nombre ______________________ Fecha ______________

Resuelve.

1. El ensayo de piano de Kali comienza a las 4:10 p. m. Ensaya durante 1 hora y 15 minutos. Luego ayuda durante 40 minutos a su mamá a lavar la ropa. ¿A qué hora termina Kali de ayudar a su mamá?

____

2. Jamal termina de ver una película a las 8:00 p. m. La película duró 2 horas y 25 minutos. ¿A qué hora comenzó la película?

____

Halla la longitud lateral desconocida en cada diagrama.

3. 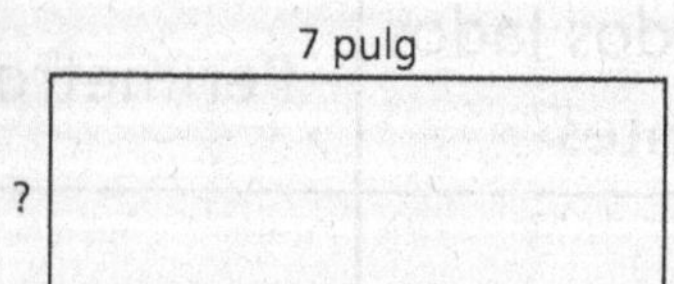

____

4. 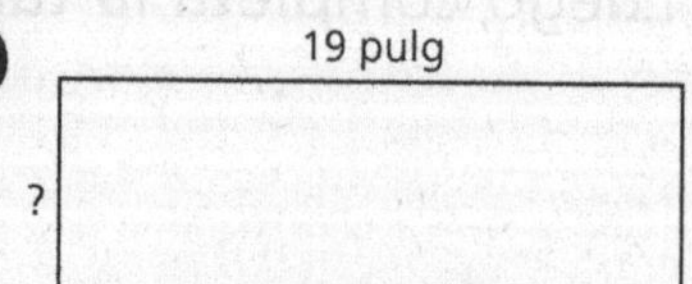

____

5. **Amplía tu razonamiento** Da un ejemplo de un cuadrado que tenga el mismo número para su área y su perímetro.

____

____

© Houghton Mifflin Harcourt Publishing Company

Nombre ______________________ Fecha ______________

Descompón cada figura en rectángulos.
Luego halla el área de cada figura.

1 2 3 4

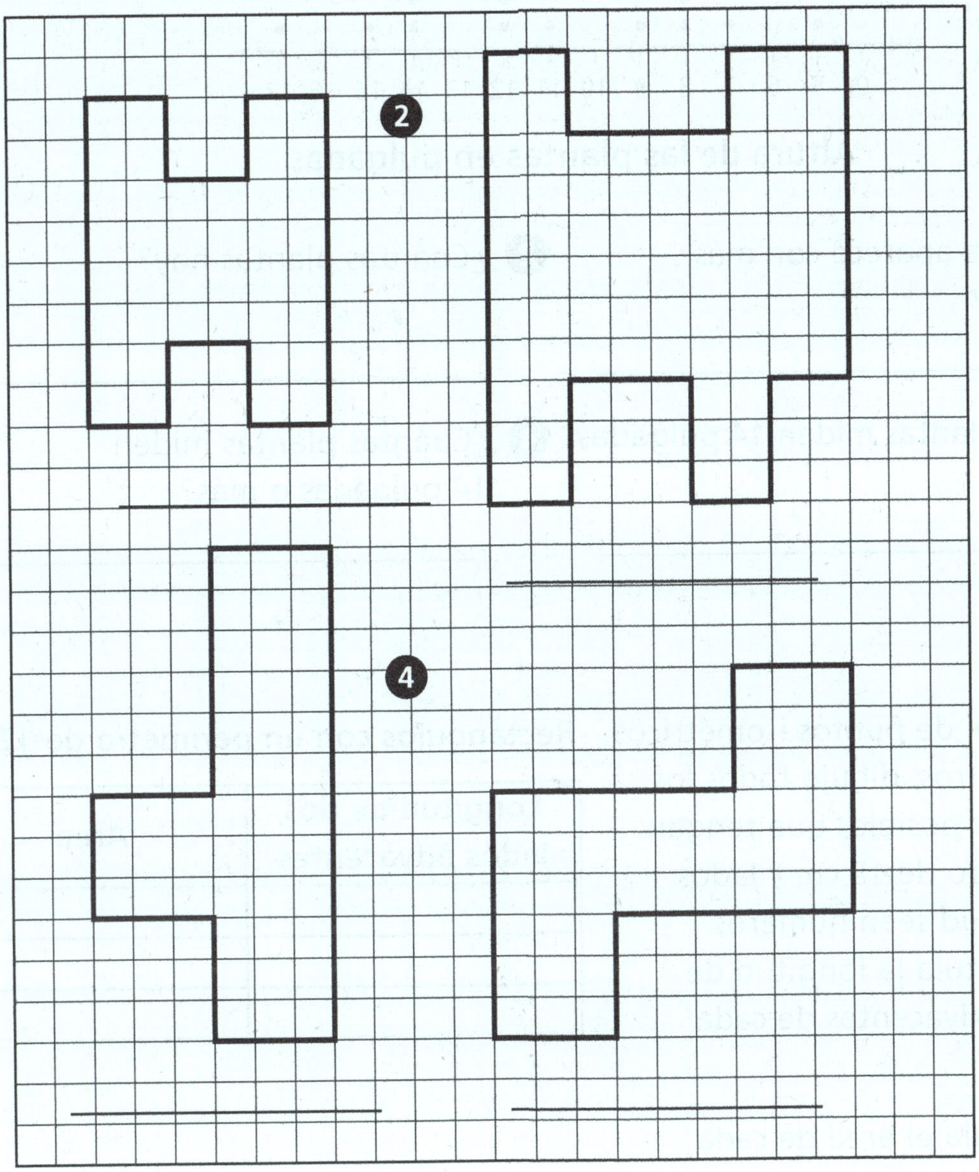

5 Elige una figura de los ejercicios 1 a 4.
Explica cómo y por qué descompusiste de esa manera.

____

____

____

© Houghton Mifflin Harcourt Publishing Company

5-4
Recuerda

Nombre ______________________ Fecha __________

Usa el diagrama de puntos para responder las preguntas.

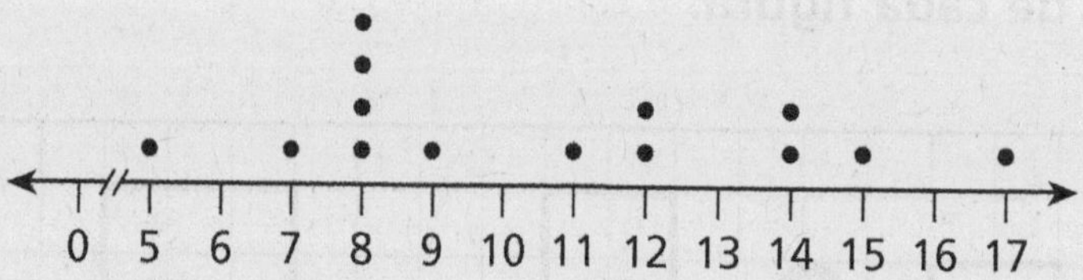

Altura de las plantas en pulgadas

1. ¿Qué altura aparece con más frecuencia?

   ____

2. ¿Cuántas plantas hay?

   ____

3. ¿Cuántas plantas miden 14 pulgadas de alto?

   ____

4. ¿Cuántas plantas miden 14 pulgadas o más?

   ____

Completa.

5. En un papel de puntos isométricos en centímetros, dibuja todos los rectángulos posibles que tengan un perímetro de 12 cm y lados cuya longitud sean números enteros. Rotula la longitud de dos lados adyacentes de cada rectángulo.

Rectángulos con un perímetro de 12 cm

Longitud de dos lados adyacentes	Àrea

6. Halla y rotula el área de cada rectángulo. Luego completa la tabla.

7. **Amplía tu razonamiento** Gwen separa la figura en 5 rectángulos y 1 cuadrado. Dibuja líneas sobre la figura para mostrar cómo separó Gwen la figura. Luego halla el área.

   ____

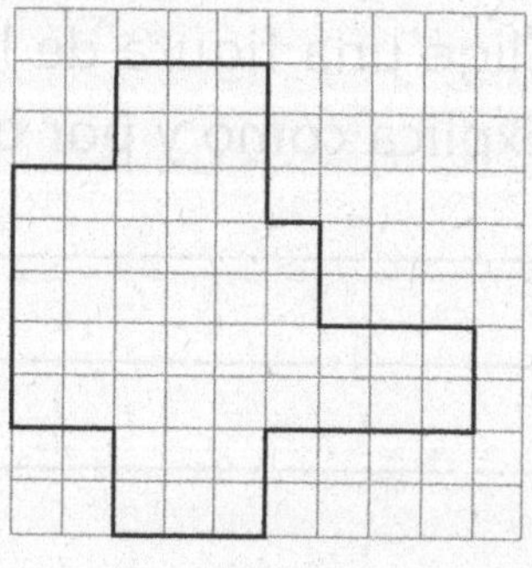

© Houghton Mifflin Harcourt Publishing Company

5-5
Haz la tarea

Nombre ______________________ Fecha ____________

Resuelve. Encierra en un círculo si necesitas hallar un perímetro, un área o una longitud lateral desconocida. Haz un diagrama para representar cada situación.

Muestra tu trabajo.

1. Carl construye un parque rectangular para perros. Tiene 36 secciones de cerca de una yarda que planea usar para mantener a su perro adentro. Quiere que el parque sea tan largo como sea posible. ¿Cuál es la longitud más larga con un número entero que puede usar para el parque?

   Perímetro   Área   Longitud lateral

   ____

2. Bob tiene 37 baldosas que tienen una dimensión de 1 pie por 1 pie. Quiere embaldosar un clóset que mide 7 pies de largo y 5 pies de ancho. ¿Tiene suficientes baldosas? Si es así, ¿cuántas baldosas sobrarán?

   Perímetro   Área   Longitud lateral

   ____

3. Un escenario mide 10 yardas de largo y 5 yardas de ancho. El foso de la orquesta enfrente del escenario mide 4 yardas de largo y 3 yardas de ancho. ¿Cuánto espacio ocupan el escenario y el foso de la orquesta?

   Perímetro   Área   Longitud lateral

   ____

4. Tracy bordó 26 retazos de colcha con letras y 10 retazos de colcha con números. Quiere que su colcha tenga 6 filas. ¿Cuántos retazos de colcha habrá en cada fila?

   Perímetro   Área   Longitud lateral

   ____

© Houghton Mifflin Harcourt Publishing Company

Nombre ______________________ Fecha ______________

❶ Piensa en hacer una barra de fracciones para octavos.

a. ¿Cuántas fracciones unitarias habría en la barra de fracciones? ______

b. ¿Cómo escribes la fracción unitaria? ______

Completa la tabla.

❷

Tiempo de inicio	Tiempo transcurrido	Tiempo de finalización
4:38		6:50
10:15	1 hora y 17 minutos	
	4 horas y 51 minutos	7:36

Separa la figura en rectángulos. Luego halla el área de la figura.

❸

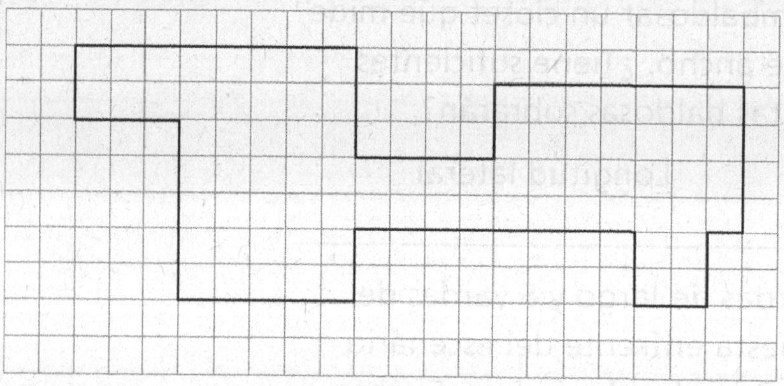

____

❹ **Amplía tu razonamiento** Abbie hace dos colchas distintas. Cada colcha es un cuadrado. Sin embargo, las colchas tienen distintos perímetros y áreas. Describe las áreas y perímetros que podrían tener las dos colchas.

Colcha 1 ______________ área ______________ perímetro

Colcha 2 ______________ área ______________ perímetro

© Houghton Mifflin Harcourt Publishing Company

5-6
Haz la tarea

Nombre ______________________ Fecha ______________

1. Colorea de morado los dos triángulos grandes.
2. Colorea de verde los dos triángulos pequeños.
3. Colorea de azul el cuadrado, el paralelogramo y el triángulo mediano.
4. Recorta las piezas de tangram.
5. Usa las piezas para formar otras figuras de tangram.
6. Elige una figura y cópiala en una hoja aparte.
7. Halla el área de la figura que hiciste. Recuerda, el cuadrado mide una pulgada cuadrada.

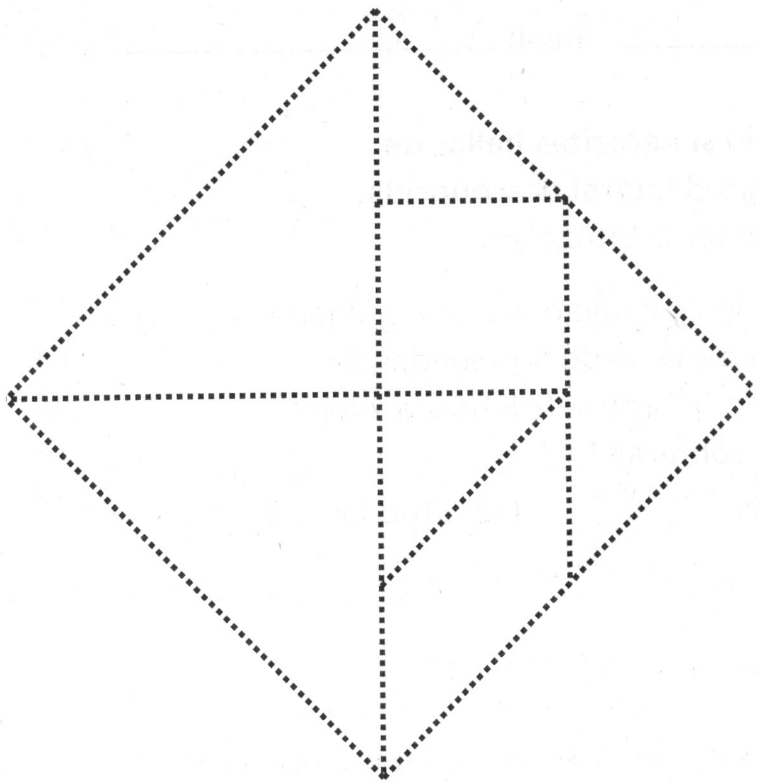

© Houghton Mifflin Harcourt Publishing Company

5-6
Recuerda

Nombre ______________________ Fecha ______________

Estima la longitud del segmento de recta en pulgadas. Luego mídelo a la $\frac{1}{2}$ pulgada más cercana.

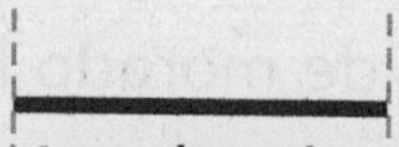
1 pulgada

❶ 

Estimación: ______________ Real: ______________

Estima la longitud del segmento de recta en pulgadas. Luego mídelo al $\frac{1}{4}$ de pulgada más cercano.

❷ 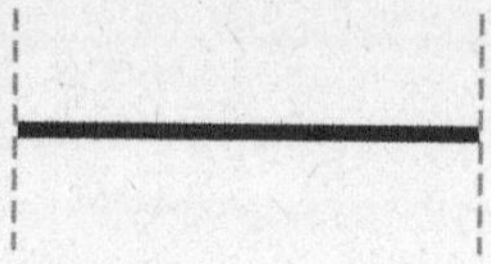

Estimación: ______________ Real: ______________

Resuelve. Encierra en un círculo si necesitas hallar un perímetro, un área o una longitud lateral desconocida. Haz un diagrama para representar la situación.

❸ Brian compra un paquete de 25 azulejos de una pulgada cuadrada. Quiere hacer un mosaico de 5 pulgadas de largo y 4 pulgadas de ancho. ¿Tiene suficientes azulejos? Si es así, ¿cuántos azulejos sobrarán?

Perímetro　　　Área　　　Longitud lateral

____

❹ **Amplía tu razonamiento** ¿Qué piezas de tangram pueden formar un cuadrado con un área de 9 pulgadas cuadradas? Recuerda, el cuadrado mide una pulgada cuadrada.

____

© Houghton Mifflin Harcourt Publishing Company

5-7
Haz la tarea

Nombre ____________________ Fecha ____________

Usa tus tiras de fracciones para los ejercicios 1 a 6. Completa los espacios en blanco.

1. ¿Cuántos octavos hay en un cuarto? ________

   Completa estas ecuaciones:

   ________ octavos = 1 cuarto $\frac{\square}{8} = \frac{1}{4}$

2. ¿Cuántos cuartos hay en un medio? ________

   Completa estas ecuaciones:

   ________ cuartos = 1 medio $\frac{\square}{4} = \frac{1}{2}$

3. ¿Cuántos octavos hay en tres cuartos? ________

   Completa estas ecuaciones:

   ________ octavos = 3 cuartos $\frac{\square}{8} = \frac{3}{4}$

4. ¿Cuántos sextos hay en dos tercios? ________

   Completa estas ecuaciones:

   ________ sextos = 2 tercios $\frac{\square}{6} = \frac{2}{3}$

5. ¿Cuántos sextos hay en un medio? ________

   Completa estas ecuaciones:

   ________ sextos = 1 medio $\frac{\square}{6} = \frac{1}{2}$

6. Halla otros tres pares de fracciones equivalentes.

   ____________ ____________ ____________

© Houghton Mifflin Harcourt Publishing Company

5-7
Recuerda

Nombre ______________________ **Fecha** __________

Multiplica o divide.

1. $5 \times 4 =$ ________
2. $7 \times 7 =$ ________
3. $32 \div 8 =$ ________
4. $45 \div 5 =$ ________
5. $9 \times 6 =$ ________
6. $42 \div 6 =$ ________

Completa.

7. En una cuadrícula de puntos isométricos en centímetros, dibuja todos los rectángulos posibles que tengan un perímetro de 14 cm y lados cuya longitud sean centímetros enteros. Rotula la longitud de dos lados adyacentes de cada rectángulo.
8. Halla y rotula el área de cada rectángulo. Luego completa la tabla.

Rectángulos con un perímetro de 14 cm	
Longitud de dos lados adyacentes	**Área**

Compara. Usa <, > o =.

9. $\frac{1}{3}$ ☐ $\frac{2}{7}$
10. $\frac{3}{6}$ ☐ $\frac{2}{5}$
11. $\frac{4}{6}$ ☐ $\frac{6}{6}$
12. $\frac{4}{8}$ ☐ $\frac{2}{4}$
13. $\frac{4}{6}$ ☐ $\frac{4}{7}$
14. $\frac{2}{5}$ ☐ $\frac{4}{5}$
15. $\frac{3}{6}$ ☐ $\frac{7}{8}$
16. $\frac{3}{5}$ ☐ $\frac{3}{7}$
17. $\frac{2}{6}$ ☐ $\frac{4}{8}$
18. $\frac{3}{3}$ ☐ $\frac{5}{5}$
19. $\frac{5}{4}$ ☐ $\frac{2}{4}$
20. $\frac{5}{6}$ ☐ $\frac{5}{4}$

21. **Amplía tu razonamiento** Usa 4, 6 y 8 como denominadores y escribe seis fracciones equivalentes.

____

____

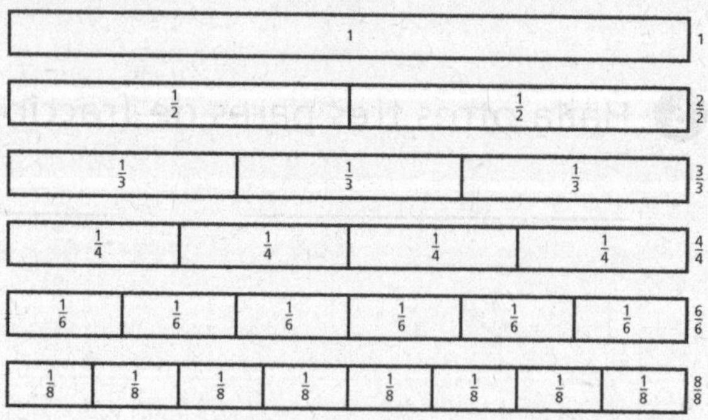

© Houghton Mifflin Harcourt Publishing Company

5-8 Haz la tarea

Nombre ______________________ Fecha ______________

1 Completa cada recta numérica. Muestra todas las fracciones incluida cada fracción para 1.

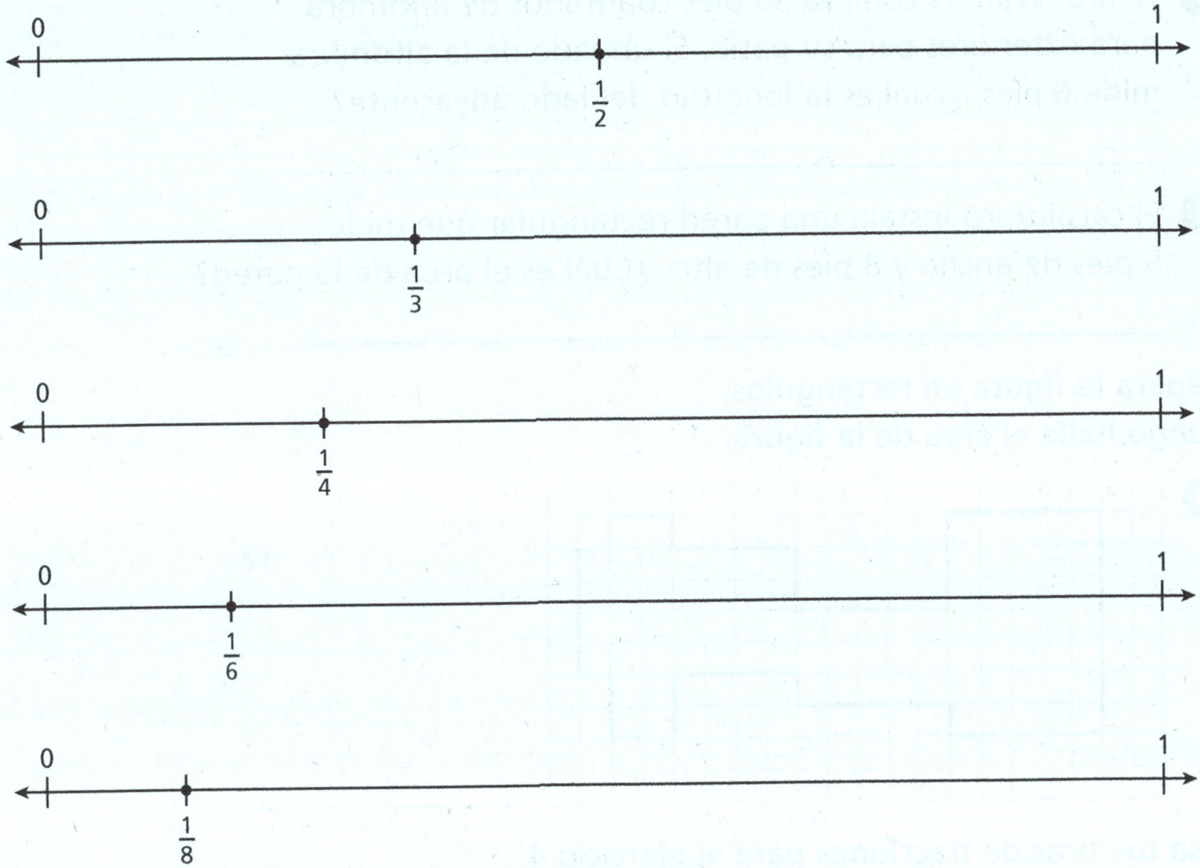

Usa tus rectas numéricas. Escribe una cadena de equivalencias.

2 Con fracciones iguales a $\frac{1}{2}$

____

3 Con fracciones iguales a $\frac{3}{4}$

____

4 Con fracciones iguales a $\frac{6}{6}$

____

© Houghton Mifflin Harcourt Publishing Company

5-8
Recuerda

Nombre ______________________ Fecha ____________

Resuelve cada problema. Rotula tus respuestas con las unidades correctas.

1. La Sra. Walters compra 30 pies cuadrados de alfombra para exteriores para su patio. Si un lado de la alfombra mide 6 pies, ¿cuál es la longitud del lado adyacente?

____

2. El carpintero instala una pared rectangular que mide 5 pies de ancho y 8 pies de alto. ¿Cuál es el área de la pared?

____

Separa la figura en rectángulos.
Luego halla el área de la figura.

3. 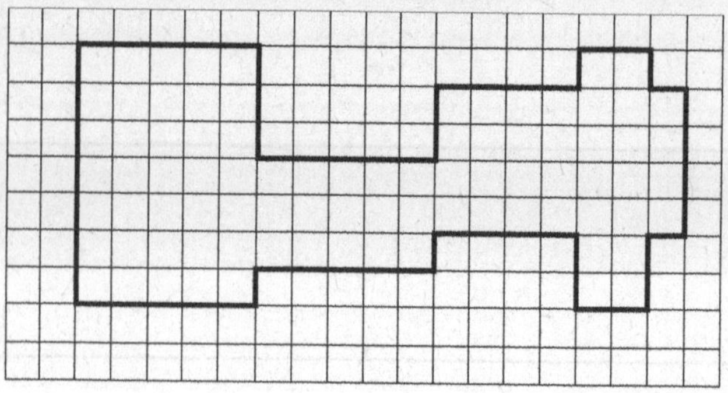 ____________

Usa tus tiras de fracciones para el ejercicio 4.
Completa los espacios en blanco.

4. ¿Cuántos sextos hay en un tercio? ______
Completa estas ecuaciones:

______ sextos = 1 tercio $\frac{\square}{6} = \frac{1}{3}$

5. **Amplia tu razonamiento** Mira las fracciones.

$\frac{1}{2}$ $\frac{2}{4}$ $\frac{3}{6}$ $\frac{4}{8}$

Explica la relación entre el numerador y el denominador.
Escribe una fracción distinta equivalente a $\frac{1}{2}$.

____

____

© Houghton Mifflin Harcourt Publishing Company

5-9
Haz la tarea

Nombre ______ Fecha ______

Resuelve. Haz diagramas o rectas numéricas si necesitas ayuda.

Muestra tu trabajo.

1. Jack compra $\frac{4}{3}$ de libra de ciruelas. Martín compra $\frac{6}{3}$ de libra de manzanas. ¿Quién compra más fruta? Explica tu respuesta.

______

______

2. May corre $\frac{10}{4}$ de milla todos los días después de la escuela. Beth dice que corre más lejos que May todos los días porque corre $\frac{5}{2}$ de milla todos los días después de la escuela. ¿Es correcto su enunciado? Explica tu respuesta.

______

______

3. Bess tejió $\frac{5}{8}$ de una bufanda. ¿Tejió más de $\frac{1}{2}$ de la bufanda? *Pista*: Halla una fracción equivalente en octavos para $\frac{1}{2}$.

______

______

4. Bert usó $\frac{7}{8}$ de pie de una tabla de roble para hacer una bandeja. Akio hizo su bandeja con $\frac{4}{4}$ de pie con la misma tabla de roble. ¿Quién uso más madera? ¿Cómo lo sabes?

______

______

5. Una botella de jugo de naranja contiene $\frac{4}{6}$ de cuarto de jugo. Una botella de jugo de piña contiene $\frac{2}{3}$ de cuarto de jugo. ¿Qué botella contiene más jugo? ¿Cómo lo sabes?

______

______

© Houghton Mifflin Harcourt Publishing Company

5-9 Recuerda

Nombre ____________________ Fecha ________

Usa la gráfica de barras horizontal para responder cada pregunta.

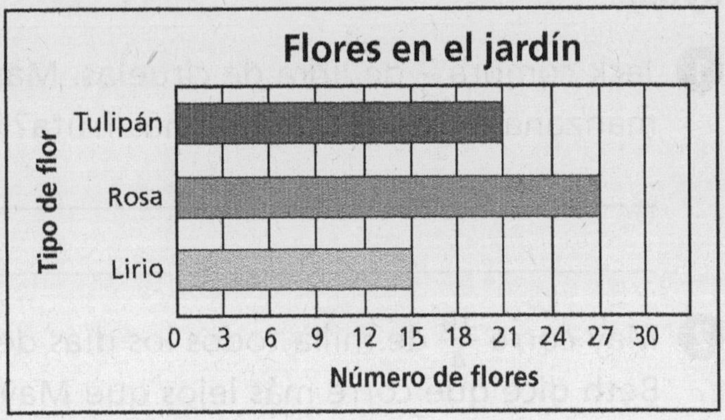

1. ¿Cuántas rosas hay en el jardín?

   ____

2. ¿Cuántos más tulipanes que lirios hay?

   ____

Resuelve. Haz un diagrama para representar la situación.

3. Rachel tiene 20 cuentas de una pulgada. Quiere usarlas todas para hacer un marco de fotos cuadrado. ¿Cuál será la longitud de cada lado?

   Perímetro Área Longitud lateral

   ____

Completa la recta numérica. Muestra todas las fracciones incluida la fracción para 1.

4. 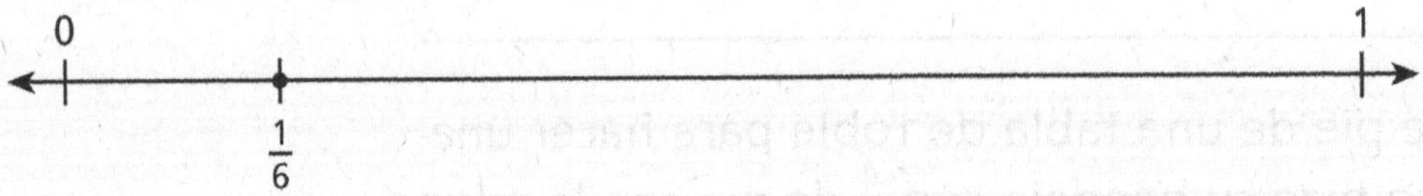

5. **Amplía tu razonamiento** Christine y Alan compran cada uno un sándwich del mismo tamaño. Christine come $\frac{3}{4}$ de su sándwich. Alan come más de su sándwich que Christine. Usa un denominador diferente para mostrar cuánto del sándwich pudo haber comido Alan.

   ____

© Houghton Mifflin Harcourt Publishing Company

5-10
Haz la tarea

Nombre ______________________ Fecha ______________

Completa.

1. Dobla una hoja de papel a la mitad. Abre el papel y sombrea una parte. Escribe una fracción para la parte sombreada.

____

2. Vuelve a doblar el papel por la misma línea. Dóblala a la mitad de nuevo. Escribe una fracción para la parte que crees que está sombreada.

____

3. Vuelve a doblar el papel por las mismas líneas. Dóblalo por la mitad una vez más. Escribe una fracción para la parte que crees que está sombreada.

____

4. Desdobla el papel para comprobar.

5. Escribe una cadena de equivalencia con las fracciones que nombran la parte sombreada del papel.

____

6. Escribe otra fracción que sea equivalente a $\frac{1}{2}$.

____

7. ¿Qué 3 fracciones puedes escribir para el entero?

____

© Houghton Mifflin Harcourt Publishing Company

5-10
Recuerda

Nombre ______________________ **Fecha** __________

Resuelve. Usa un reloj o haz una recta numérica si es necesario.

1. Brandon llega al entrenamiento a las 5:30 p. m. El equipo hace ejercicios de calentamiento durante 20 minutos. Luego practican durante 50 minutos. ¿A qué hora termina el entrenamiento?

   ____

2. Kate quiere ver una película que dura 1 hora y 30 minutos. ¿A qué hora debe comenzar a ver la película para terminar a las 4:45 p. m.?

   ____

3. Usa las piezas de tangram para formar figuras. Elige una figura y cópiala en una hoja aparte. Halla el área de la figura que hiciste. Recuerda, el cuadrado mide una pulgada cuadrada.

   ____

Resuelve. Haz diagramas o rectas numéricas si necesitas ayuda.

Muestra tu trabajo.

4. John usa $\frac{8}{6}$ de onza de leche en su receta. Mya usa $\frac{4}{3}$ de onza de leche en su receta. ¿Quién usa más leche? Explica tu respuesta.

   ____

5. La caja de Keisha pesa $\frac{5}{4}$ de libra. La caja de Dylan pesa $\frac{7}{4}$ de libra. ¿Cuál de las cajas pesa más?

   ____

6. **Amplía tu razonamiento** ¿Cuántas veces tendrías que doblar una hoja de papel por la mitad para obtener octavos? Explica.

   ____

   ____

   ____

© Houghton Mifflin Harcourt Publishing Company

5-11
Haz la tarea

Nombre ______________________ Fecha ____________

Halla la cantidad de cambio contando hacia adelante a la cantidad que se pagó. Dibuja las monedas y billetes que contaste.

1. Cody pagó $1.17 por un recipiente de yogur con dos billetes de $1. ¿Cuánto cambio recibió? ____________

2. Mariá pagó $4.39 por un sándwich con un billete de $5. ¿Cuánto cambio recibió? ____________

3. Asia compró un libro de $3.62 con cuatro billetes de $1. ¿Cuánto cambio recibió? ____________

4. Malik pagó $2.56 por un recipiente de leche con un billete de $5. ¿Cuánto cambio recibió? ____________

5. Emma compró una caja de lápices de colores por $2.28 con tres billetes de $1. ¿Cuánto cambio recibió? ____________

6. En una venta, Mateo compró un juego de mesa por $3.84 con un billete de $5. ¿Cuánto cambio recibió? ____________

© Houghton Mifflin Harcourt Publishing Company

5-11
Recuerda

Nombre ______ Fecha ______

Multiplica.

1. $\begin{array}{r} 324 \\ \times \quad 7 \\ \hline \end{array}$

2. $\begin{array}{r} 48 \\ \times \quad 6 \\ \hline \end{array}$

3. $\begin{array}{r} 275 \\ \times \quad 8 \\ \hline \end{array}$

4. Piensa en una barra de fracciones para mostrar $\frac{5}{6}$.

   a. ¿Cuántas fracciones unitarias habrá en la barra de fracciones? ______

   b. ¿Cuántas partes sombrearías? ______

Resuelve cada problema. Rotula tus respuestas con las unidades correctas.

Muestra tu trabajo.

5. El área del piso rectangular de un clóset es de 24 pies cuadrados. El piso del clóset mide 8 pies de largo. ¿Cuál es el ancho del piso?

   ______

6. Una fotografía mide 5 pulgadas de ancho y 7 pulgadas de largo. ¿Cuál es el área de la fotografía?

   ______

7. **Amplía tu razonamiento** Tony pagó una malteada con un billete de $5. Recibió de cambio 2 monedas de 10¢ y un billete de $1. ¿Cuánto costó la malteada? Usa monedas y billetes si es necesario.

   ______

© Houghton Mifflin Harcourt Publishing Company

5-12
Haz la tarea

Nombre ______________________ Fecha ______________

Usa el termómetro. Encierra en un círculo la mejor estimación para la temperatura.

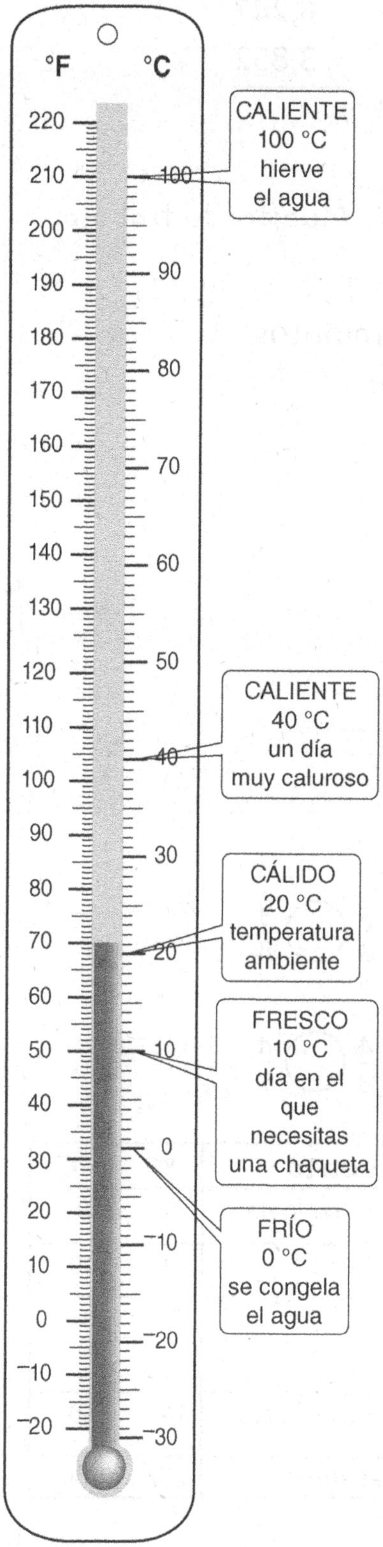

1

30 °F   86 °F

2

0 °C   40 °C

Escribe la temperatura en °F. Luego escribe *caliente, cálido, fresco o frío* para describir la temperatura.

3

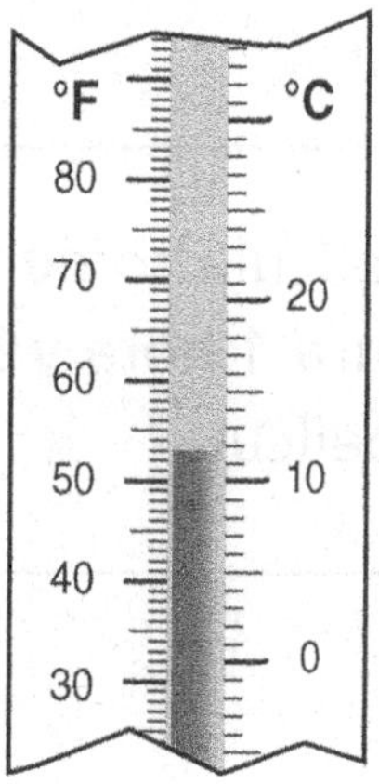

____

4

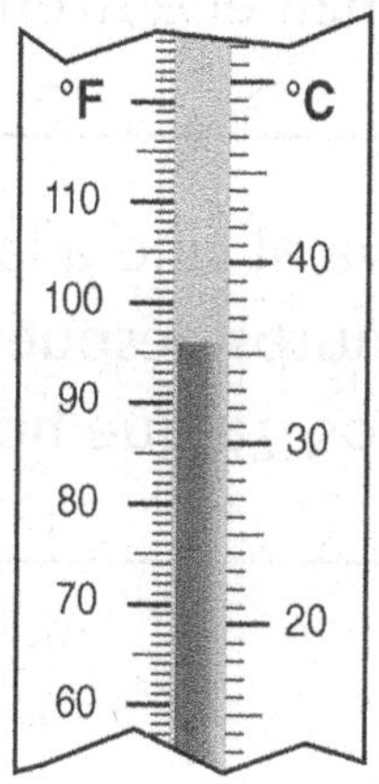

____

Escribe la temperatura en °C. Luego escribe *caliente, cálido, fresco o frío* para describir la temperatura.

5

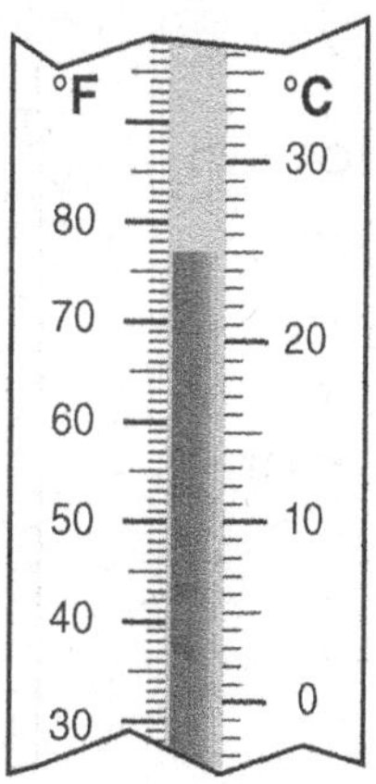

____

6

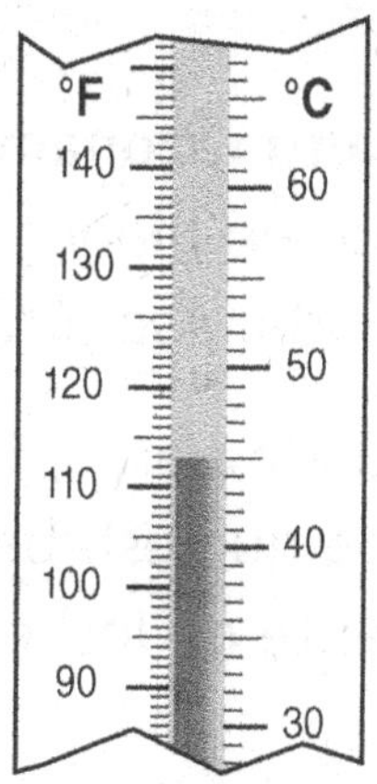

____

© Houghton Mifflin Harcourt Publishing Company

5-12 Recuerda

Nombre ______________________ Fecha ______________

Resta.

1 $\begin{array}{r} 726 \\ -\ 483 \\ \hline \end{array}$

2 $\begin{array}{r} 5,394 \\ -\ 765 \\ \hline \end{array}$

3 $\begin{array}{r} 6,247 \\ -\ 3,852 \\ \hline \end{array}$

Resuelve. Usa un reloj o haz una recta numérica si es necesario.

Muestra tu trabajo.

4 El entrenamiento de fútbol de Zach dura 1 hora y 20 minutos. El entrenamiento termina a las 5:45 p. m. ¿A qué hora comienza el entrenamiento?

____

5 Sofía va al cine a las 6:40 p. m. La película comenzará 15 minutos después. Si la película dura 1 hora y 35 minutos, ¿a qué hora terminará la película?

____

Compara.

Usa <, > o =.

6 $\frac{2}{5} \bigcirc \frac{2}{8}$

7 $\frac{3}{4} \bigcirc \frac{6}{8}$

8 $\frac{5}{8} \bigcirc \frac{3}{8}$

9 $\frac{4}{4} \bigcirc \frac{3}{3}$

10 $\frac{2}{3} \bigcirc \frac{4}{6}$

11 $\frac{4}{8} \bigcirc \frac{4}{7}$

12 **Amplía tu razonamiento** Completa los espacios en blanco con la temperatura apropiada. Asegúrate de incluir °F o °C.

Para el almuerzo, Darnell tomó un tazón de sopa que estaba a ________ y un recipiente de leche que estaba a ________.

Evento	°F	°C
El agua se congela	32	0
Un día fresco	50	10
Una habitación cálida	70	21
Un día muy caluroso	104	40
Hierve el agua	212	100

© Houghton Mifflin Harcourt Publishing Company

6-1
Haz la tarea

Nombre ______________________ Fecha ______________

Haz una Montaña matemática y escribe una ecuación para resolver cada problema.

Muestra tu trabajo.

1 **Sumar** Kelsey tenía 9 libros. Pidió prestado 4 libros a su amiga. ¿Cuántos libros tiene Kelsey ahora?

____

2 **Tomar de** Escribe un problema de resta que cancele el problema de suma del problema 1. Luego haz una Montaña matemática, escribe una ecuación y resuelve el problema.

____

____

____

3 **Agrupar / Separar** Hay 11 bicicletas en casa de Matt. 5 están en la entrada y el resto en el césped. ¿Cuántas bicicletas hay en el césped de Matt?

____

4 **Agrupar / Separar** Escribe un problema de suma que cancele el problema de resta del problema 3. Luego haz una Montaña matemática, escribe una ecuación y resuelve el problema que escribiste.

____

____

____

____

Escribe un número para que cada enunciado numérico sea verdadero.

5 $17 = \square + 8$

6 $\square \neq 9 - 4$

7 $5 + 3 = 3 + \square$

© Houghton Mifflin Harcourt Publishing Company

6-1
Recuerda

Nombre ______________________ **Fecha** ______________

Escribe la hora como minutos *después* de una hora y minutos *antes* de una hora.

1 

____

____

2 

____

____

3 

____

____

4 

____

____

5 

____

____

6 

____

____

Estima la longitud del segmento de recta en pulgadas. Luego mídelo a la $\frac{1}{2}$ pulgada más cercana.

7 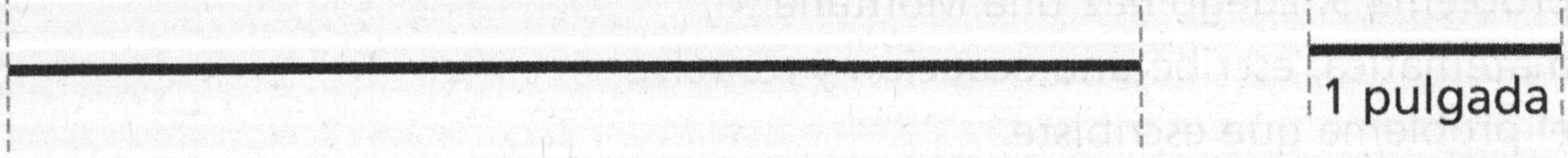

Estimación: ______________________ Real: ______________________

8 **Amplía tu razonamiento** Emma sabe que cierto problema tiene los sumandos 60 y 50. Haz una Montaña matemática usando los sumandos para hallar el número desconocido.

© Houghton Mifflin Harcourt Publishing Company

6-2
Haz la tarea

Nombre ______________________ Fecha ______________

Resuelve cada problema. Rotula tus respuestas.

Muestra tu trabajo.

1. Asha preparó 15 sándwiches. Seis eran de queso y el resto de mantequilla de maní. ¿Cuántos sándwiches de mantequilla de maní preparó Asha?

____

2. Farrah tiene 13 cintas para sujetar el cabello. Dio algunas a su hermana. Ahora Farrah tiene 5 cintas. ¿Cuántas dio a su hermana?

____

3. Joseph hizo 7 flexiones ayer. Hoy hizo algunas más. En total hizo 14 flexiones. ¿Cuántas hizo hoy?

____

4. El álbum de Devon tiene 40 fotografías digitales. Hay 10 páginas con un número igual de fotografías en cada una. ¿Cuántas fotografías hay en cada página?

____

5. Brent tiene 81 carros en miniatura en su colección. Hay 9 carros en cada caja. ¿Cuántas cajas de carros hay?

____

6. **Crea y resuelve** Escribe y resuelve un problema en el que debas hallar un sumando o factor desconocido.

____

____

____

© Houghton Mifflin Harcourt Publishing Company

6-2
Recuerda

Nombre ______________________ Fecha ______________

Completa cada recta numérica. Muestra todas las fracciones incluidas las fracciones para 1.

1 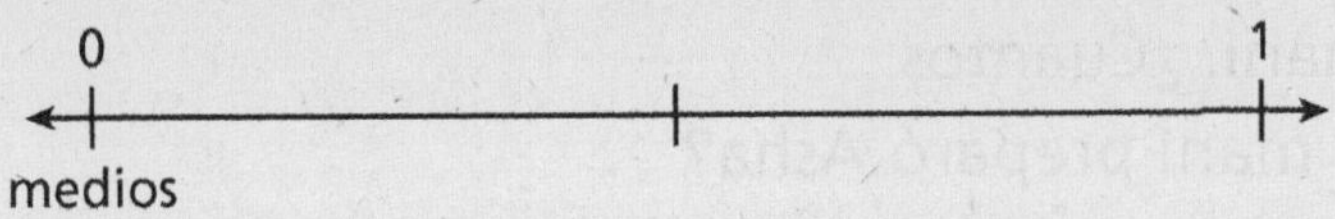

2 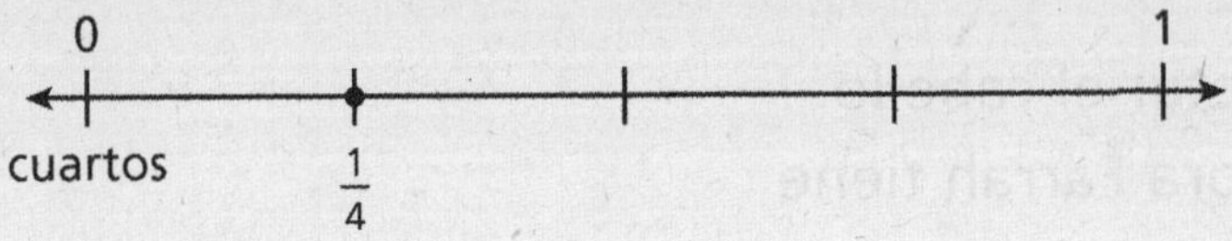

3 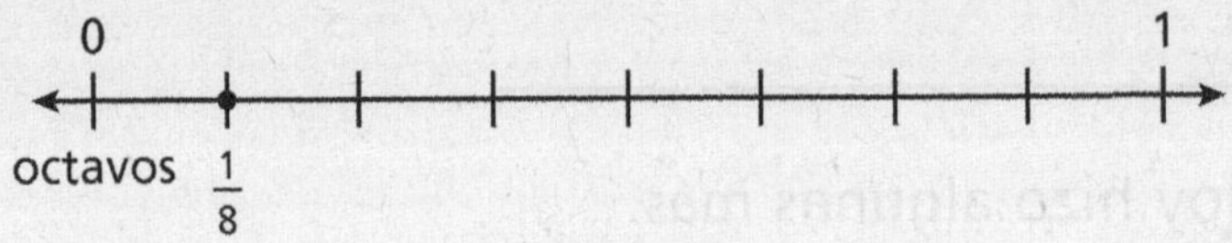

Muestra tu trabajo.

Haz una Montaña matemática y escribe una ecuación para resolver cada problema.

4 **Tomar de** Hay 16 platos en la mesa. Nueve son grandes y el resto son pequeños. ¿Cuántos platos pequeños hay en la mesa?

____

5 **Sumar** Escribe un problema de suma que cancele el problema de resta del problema 4. Luego haz una Montaña matemática, escribe una ecuación y resuelve el problema que escribiste.

____

____

____

6 **Amplía tu razonamiento** Cuando estoy con mi factor 5, mi producto es 20. Cuando estoy con mi sumando 6, mi total es 10. ¿Qué número soy? Explica.

____

© Houghton Mifflin Harcourt Publishing Company

6-3
Haz la tarea

Nombre ______________________ Fecha ____________

Resuelve cada problema. Rotula tus respuestas.

Muestra tu trabajo.

1. Brenna vio vacas en la granja. Luego vio 16 caballos. Vio 35 vacas y caballos en total. ¿Cuántas vacas vio Brenna?

____

2. Jamal atrapó luciérnagas. Su amigo le dio 13 más. Ahora tiene 29 luciérnagas. ¿Cuántas atrapó?

____

3. Anu come uvas. Ya se comió 14. Le quedan 18. ¿Cuántas uvas tenía al principio?

____

4. Jay plantó 49 plantas de lavanda en su jardín. Las plantas están en filas iguales de 7 plantas. ¿Cuántas filas de plantas de lavanda hay?

____

5. Marci tiene 35 pulgadas de ribetes para pegar en 7 álbumes de adhesivos. Coloca la misma cantidad de ribetes en cada álbum. ¿Cuántas pulgadas de ribete coloca en cada álbum?

____

6. **Crea y resuelve** Escribe y resuelve tu propio problema con inicio desconocido o factor desconocido.

____

____

____

© Houghton Mifflin Harcourt Publishing Company

6-3 Recuerda

Nombre ______________________ Fecha ________

Resuelve. *Muestra tu trabajo.*

1. Kameryon compra $\frac{1}{2}$ docena de manzanas rojas y $\frac{3}{6}$ de docena de manzanas verdes. ¿Tiene más manzanas rojas o más manzanas verdes?

____

2. Una pila de papel para computadora pesa $\frac{4}{8}$ de libra. Una pila de papel para cuaderno pesa $\frac{3}{4}$ de libra. ¿Qué pila de papel pesa más?

____

Resuelve cada problema. Rotula tus respuestas.

3. Hay 12 pelotas de baloncesto en la bolsa del equipo. Siete de las pelotas son nuevas y el resto son usadas. ¿Cuántas pelotas usadas hay en la bolsa?

____

4. Riley tiene 72 adhesivos. Tiene 9 hojas de adhesivos. Cada hoja de adhesivos tiene el mismo número de adhesivos. ¿Cuántos adhesivos hay en cada hoja?

____

5. **Amplía tu razonamiento** Escribe un problema con los números 9 y 6 y un número de inicio desconocido. Escribe una ecuación de situación y una ecuación de solución para resolver tu problema.

____

____

____

© Houghton Mifflin Harcourt Publishing Company

6-4
Haz la tarea

Nombre ______________________ Fecha ______________

Compara los números. Escribe >, < o = en cada uno ◯.

1 765 ◯ 756

2 467 ◯ 758

3 2,014 ◯ 2,410

4 8,462 ◯ 8,462

Escribe los números en orden de menor a mayor.

5 92, 78, 82

____

6 496, 424, 485

____

Resuelve cada problema. Rotula tus respuestas. *Muestra tu trabajo.*

7 **Cantidad menor desconocida** Will comió 8 galletas saladas menos que Louis. Louis comió 24 galletas saladas. ¿Cuántas galletas saladas comió Will?

____

8 **Cantidad mayor desconocida** Zoe camina 9 cuadras más que Raj. Raj camina 12 cuadras hasta la escuela. ¿Cuántas cuadras camina Zoe?

____

Haz y rotula barras de comparación para mostrar cada situación.

9 Travis tiene 7 juegos menos que Bobbi.

10 Ki resolvió 3 problemas de matemáticas más que Daniel.

© Houghton Mifflin Harcourt Publishing Company

6-4
Recuerda

Nombre ______________________ Fecha ______________

Dibuja las manecillas en el reloj analógico. Escribe la hora en el reloj digital.

1. cuatro y quince

2. dos y cuarenta y cinco

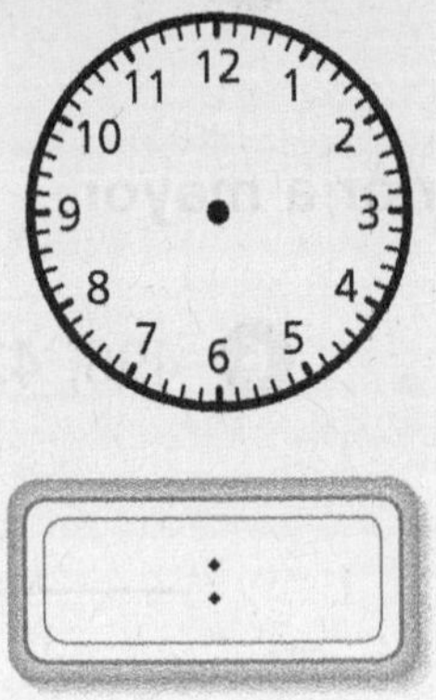

3. dos minutos antes de las seis

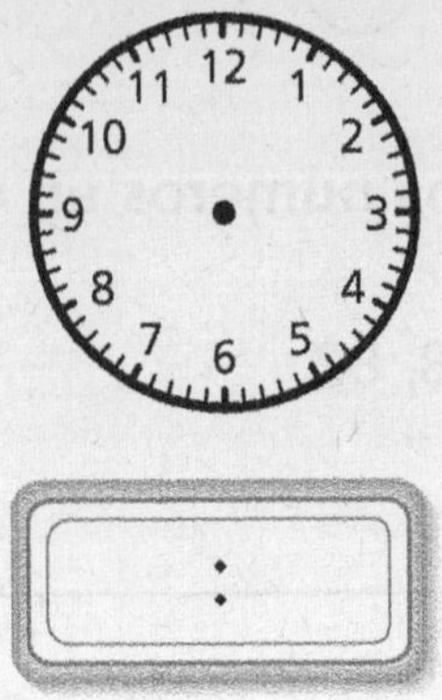

Usa tus tiras de fracciones para el ejercicio 4. Completa los espacios en blanco.

4. ¿Cuántos octavos hay en un cuarto?
Completa estas ecuaciones:
$\frac{\square}{8} = \frac{1}{4}$
______ octavos = 1 cuarto

Resuelve los problemas. Rotula tus respuestas.

5. Mariah tiene caballos de juguete. 18 son marrones. Los otros caballos no son marrones. Tiene 39 caballos de juguete en total. ¿Cuántos caballos de juguete no son marrones?

____

6. **Amplía tu razonamiento** Escribe y resuelve un problema con una diferencia desconocida.

____

____

____

© Houghton Mifflin Harcourt Publishing Company

6-5
Haz la tarea

Nombre ______________________ Fecha ______________

Resuelve cada problema. Rotula tus respuestas. *Muestra tu trabajo.*

1. Lucía hizo 13 dibujos. Lucía hizo 6 dibujos más que Chelsea. ¿Cuántos dibujos hizo Chelsea?

____

2. Derek trajo 15 bizcochitos para la fiesta. Luego de darle uno a cada invitado, le quedaron 6. ¿Cuántos invitados había en la fiesta?

____

3. Molly bateó 6 jonrones. Molly bateó 3 jonrones menos que Jerry. ¿Cuántos jonrones bateó Jerry?

____

4. John atrapó 4 luciérnagas. Atrapó 6 luciérnagas menos que Jessica. ¿Cuántas luciérnagas atrapó Jessica?

____

5. Ankur comió 9 pasas. Comió 4 pasas menos que Lena. ¿Cuántas pasas comió Lena?

____

6. Amelia hizo 11 canastas. Hizo 3 canastas más que Girard. ¿Cuántas canastas hizo Girard?

____

7. Roberto hizo 15 sentadillas. Hizo 5 sentadillas menos que Marcus. ¿Cuántas sentadillas hizo Marcus?

____

© Houghton Mifflin Harcourt Publishing Company

6-5
Recuerda

Nombre ________________ Fecha ________

Resuelve. Haz diagramas o rectas numéricas como apoyo.

1 El chef Marco preparó $\frac{3}{8}$ de galón de salsa para pasta. La chef Nicole preparó $\frac{5}{8}$ de galón de salsa para pasta. ¿Quién preparó más salsa? Explica tu respuesta.

____

2 La bibliotecaria archivó $\frac{5}{6}$ de los libros devueltos. ¿Archivó más de la mitad de los libros devueltos? Explica tu respuesta.

____

Resuelve cada problema. Rotula tus respuestas con las unidades correctas.

3 La Srta. Emerson tiene un estante rectangular que mide 5 pies de largo y 3 pies de ancho. ¿Cuál es el área del estante?

____

4 Trevor tiene un cofre del tesoro con un área de 72 centímetros cuadrados. Si la longitud de uno de los lados es de 9 centímetros, ¿cuál es la longitud del lado adyacente?

____

Haz y rotula barras de comparación para mostrar cada situación.

5 Spencer tiene 5 marcadores más que Lee.

6 **Amplía tu razonamiento** Escribe y resuelve un problema con una cantidad mayor desconocida.

____

____

____

© Houghton Mifflin Harcourt Publishing Company

6-6
Haz la tarea

Nombre ____________________ Fecha ____________

Lee cada problema. Tacha cualquier información adicional o encierra en círculo un la información oculta. Luego resuelve. *Muestra tu trabajo.*

1. Galen tiene 75 carritos de juguete y 98 bloques de construcción. Dio 32 carritos de juguete y 14 bloques a su hermano menor. ¿Cuántos carritos de juguete le quedan a Galen?

   ____

2. Isabelle horneó una docena de pastelitos. Su familia comió 5. ¿Cuántos pastelitos le quedan a Isabelle?

   ____

3. Guy corrió 6 millas el lunes. Recorrió en bicicleta 13 millas. Luego corrió 7 millas y recorrió en bicicleta 10 millas el viernes. ¿Cuántas millas corrió Guy esta semana?

   ____

Si se necesita más información, vuelve a escribir el problema para incluir la información necesaria. Luego resuélvelo.

4. Una escalera de mano mide 8 pies de alto. Dos peldaños están rotos. ¿Cuántos peldaños no están rotos?

   ____

   ____

5. Hoy la cafetería de Maggie vendió más chocolate caliente que ayer. Ayer la cafetería de Maggie vendió 237 tazas de chocolate caliente. ¿Cuántas tazas más se vendieron hoy que ayer?

   ____

   ____

   ____

   ____

© Houghton Mifflin Harcourt Publishing Company

6-6
Recuerda

Nombre ______________________ Fecha ______________

Multiplica o divide.

1

$$\begin{array}{r} 5 \\ \times 6 \\ \hline \end{array} \qquad \begin{array}{r} 7 \\ \times 8 \\ \hline \end{array} \qquad \begin{array}{r} 4 \\ \times 3 \\ \hline \end{array} \qquad \frac{63}{9} = \underline{\quad} \qquad \frac{16}{2} = \underline{\quad} \qquad \frac{27}{3} = \underline{\quad}$$

Resuelve.

2 El recital de Justin termina a las 9:30 p. m.
El recital dura 2 horas y 20 minutos.
¿A qué hora comenzó el recital de Justin?

____

Resuelve cada problema. Rotula tus respuestas. *Muestra tu trabajo.*

3 Jessica tiene 7 galletas saladas. Tiene 6 galletas menos que Hunter. ¿Cuántas galletas saladas tiene Hunter?

____

4 Austin lee 8 libros. Lee 4 libros más que Emily. ¿Cuántos libros lee Emily?

____

5 **Amplía tu razonamiento** Escribe y resuelve un problema que tenga tanto información adicional como escondida. Tacha la información adicional y encierra en un círculo la información escondida.

____

____

____

____

© Houghton Mifflin Harcourt Publishing Company

Nombre ______________________ Fecha ______________

Escribe la pregunta del primer paso y responde. Luego resuelve el problema.

1. El estacionamiento tiene 9 filas con 10 lugares de estacionamiento en cada fila. Hay 8 lugares vacíos. ¿Cuántos lugares están llenos?

   ____

   ____

2. Leland compro 3 paquetes de cromos con 8 cromos en cada paquete. Dividió los cromos en partes iguales entre sus 4 amigos. ¿Cuántos cromos recibió cada amigo?

   ____

   ____

3. Sara hizo 20 collares. Se quedó con 2 collares y dividió el resto en partes iguales entre 6 amigas. ¿Cuántos collares recibió cada amiga?

   ____

   ____

4. Lori tomó 36 fotografías y Tim tomó 28 fotografías más que Lori. Tim colocó 8 fotografías en cada página en su álbum. ¿Cuántas páginas llenó Tim de su álbum?

   ____

   ____

5. María compró 7 paquetes de globos. Cada paquete tiene 8 globos. Usó 49 globos en ramos. ¿Cuántos globos le quedan a María?

   ____

   ____

© Houghton Mifflin Harcourt Publishing Company

6-7
Recuerda

Nombre ______________________ Fecha ______________

Compara. Usa <, > o =.

1. $\frac{5}{4} \bigcirc \frac{3}{4}$
2. $\frac{2}{3} \bigcirc \frac{2}{6}$
3. $\frac{6}{6} \bigcirc \frac{4}{4}$

Haz una Montaña matemática y escribe una ecuación para resolver cada problema.

Muestra tu trabajo.

4. **Tomar de** Kate trae 15 pastelitos a la venta de pasteles. Vende 9. ¿Cuántos pastelitos tiene ahora?

____

5. **Agrupar** Ryan tiene 8 adhesivos grandes y 4 adhesivos pequeños. ¿Cuántos adhesivos tiene Ryan en total?

____

Lee cada problema. Tacha la información adicional o encierra en un círculo la información oculta. Luego resuelve.

6. En la clase de educación física, Julie hace 28 saltos de tijera y 51 sentadillas. En el receso, Julie hace 37 saltos de tijera. ¿Cuántos saltos de tijera hace?

____

7. **Amplía tu razonamiento** Escribe y resuelve un problema con los factores 6 y 9 y que tenga información adicional sobre el tiempo.

____

____

____

____

© Houghton Mifflin Harcourt Publishing Company

Nombre ____________________ Fecha ____________

Resuelve cada problema. Rotula tus respuestas. *Muestra tu trabajo.*

1. El papá de Todd cortó 12 rebanadas de mango. Todd comió 4. Luego la mamá de Todd cortó 6 rebanadas más. ¿Cuántas rebanadas de mango quedaron?

   ____

2. Jennifer recogió 3 narcisos, 9 margaritas y algunos tulipanes para su mamá. En total recogió 16 flores. ¿Cuántos tulipanes recogió?

   ____

3. Álex tiene 14 libros en su mochila. Ángela tiene 6 libros menos que Álex en su mochila. ¿Cuántos libros hay en total en las dos mochilas?

   ____

4. Pedro tenía 13 canicas ayer. 7 eran rojas y el resto eran verdes. Hoy dio 4 de sus canicas verdes a su hermana. ¿Cuántas canicas verdes le quedan a Pedro?

   ____

5. Había 17 animales en el refugio. 8 eran perros y el resto eran gatos. Hoy trajeron más gatos. Ahora hay 11 gatos. ¿Cuántos gatos trajeron al refugio hoy?

   ____

6. Zal cosechó 12 cerezas de un árbol y 3 de otro. Cosechó 8 cerezas más que Karen. ¿Cuántas cerezas cosechó Karen?

   ____

© Houghton Mifflin Harcourt Publishing Company

Nombre ______________________ Fecha ______________

Haz una Montaña matemática y escribe una ecuación para resolver cada problema. *Muestra tu trabajo.*

1. **Separar** Abby hornea 12 panecillos. Hace 8 simples. Hace el resto con canela. ¿Cuántos panecillos tienen canela?

   ____

2. **Sumar** Danny tiene 9 juegos. Compra 5 juegos más en una venta de garaje. ¿Cuántos juegos tiene Danny ahora?

   ____

Escribe la pregunta del primer paso y responde. Luego resuelve el problema.

3. El dueño de la tienda recibe un cargamento de 7 cajas de juegos. Hay 6 juegos en cada caja. Vende 18 juegos. ¿Cuántos juegos quedan?

   ____

   ____

4. **Amplía tu razonamiento** Escribe un problema de dos pasos que tenga una respuesta 7 páginas.

   ____

   ____

   ____

   ____

© Houghton Mifflin Harcourt Publishing Company

6-9
Haz la tarea

Nombre ______________________ Fecha ______________

Esta tabla muestra el número de boletos que se vendieron para las primeras y últimas funciones de cada película en el Cine Palace el sábado pasado.

Venta de boletos del sábado

	Aventura en la selva	*Hannah la heroína*	*Carrera espacial*
Primeras funciones	72	109	143
Últimas funciones	126	251	167

1. ¿Cuántos boletos más se vendieron para las primeras funciones de *Aventura en la selva* y *Hannah la heroína* que para *Carrera espacial*?

____

2. ¿Cuántos boletos se vendieron para las últimas funciones de las tres películas?

____

Esta tabla muestra el número de pedidos de pizza, pasta y ensalada en la Pizzería Luigi los pasados martes, miércoles y jueves.

Pedidos en la Pizzería Luigi

	Pizza	Pasta	Ensalada
Martes	45	27	18
Miércoles	51	65	29
Jueves	64	78	38

3. Escribe una pregunta de dos pasos que se base en la tabla de arriba y luego halla la respuesta.

____

____

____

____

© Houghton Mifflin Harcourt Publishing Company

6-9
Recuerda

Nombre ______________________ Fecha ______________

Resuelve. Haz diagramas o rectas numéricas si necesitas ayuda.

Muestra tu trabajo.

1. Un caballo comió $\frac{2}{4}$ de un fardo de heno. Una vaca comió $\frac{2}{3}$ de un fardo de heno. ¿Qué animal comió más heno? Explica tu respuesta.

____

2. Jim recorrió en su bicicleta $\frac{6}{8}$ de milla. Mia recorrió en su bicicleta $\frac{3}{4}$ de milla. ¿Recorrió más Jim en su bicicleta que Mia? Explica tu respuesta.

____

Resuelve cada problema. Rotula tus respuestas.

3. Rene tiene 15 lápices. Nueve son azules y el resto son rojos. Su hermano le da algunos lápices rojos más. Ahora tiene 11 lápices rojos. ¿Cuántos lápices rojos le dio su hermano?

____

4. Blake tiene 6 peces en su pecera. Su papá le compra 3 más. Ahora tiene 4 peces menos que Vanessa. ¿Cuántos peces tiene Vanessa?

____

5. **Amplía tu razonamiento** Escribe y resuelve un problema de dos pasos que use la resta y luego la suma. Usa estos números en cualquier orden: 98, 59, 70.

____

____

____

____

____

© Houghton Mifflin Harcourt Publishing Company

6-10
Haz la tarea

Nombre ______________________ Fecha ______________

Escribe una ecuación y resuelve el problema.

Muestra tu trabajo.

1. Hay una pila de suéteres en la tienda. Seis suéteres tienen 5 botones cada uno. Un suéter tiene 4 botones. ¿Cuántos botones tienen todos los suéteres en total?

____

2. Paula tenía 60 sorpresas de cumpleaños. Regaló 4. Luego colocó un número igual en cada una de las 8 bolsas. ¿Cuántas sorpresas colocó en cada bolsa?

____

3. El equipo de fútbol de Andy anotó 5 goles en cada uno de 7 partidos y 6 goles en otro partido. ¿Cuántos goles anotó el equipo de Andy?

____

4. Una semana, Jon caminó 20 minutos cada día por 6 días. Luego caminó 30 minutos al día siguiente. ¿Cuántos minutos caminó Jon esa semana?

____

5. Tanisha jugó a lanzar bolsitas de frijoles. Le dio al blanco de 100 puntos una vez y al blanco de 50 puntos 3 veces. ¿Cuántos puntos anotó Tanisha?

____

6. Charles recibió $15 por hacer las tareas domésticas y $22 para su cumpleaños. Gastó $9 en un libro. ¿Cuánto dinero le queda a Charles?

____

© Houghton Mifflin Harcourt Publishing Company

6-10
Recuerda

Nombre ______________________ Fecha ______________

Usa el diagrama de puntos para resolver el problema.

1. ¿Cuántos estudiantes miden 47 pulgadas o más?

____

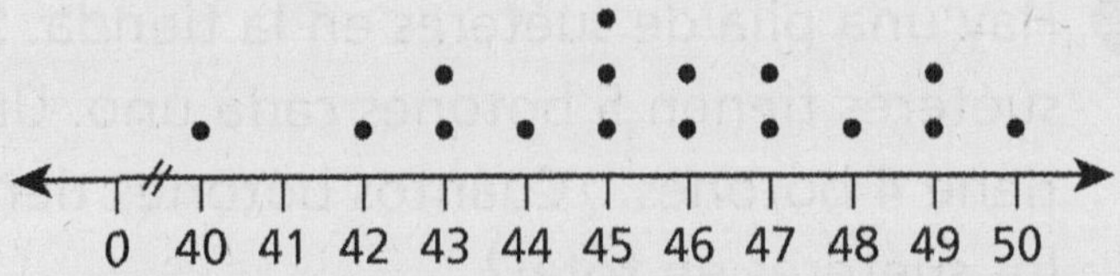

Estatura de estudiantes en pulgadas

La tabla muestra el número de personas que se subieron a cada atracción en la mañana y la tarde del domingo.

Personas en las atracciones

	Twister	Montaña rusa	Carrusel
Mañana	84	285	136
Tarde	149	251	95

Escribe una ecuación y resuelve el problema

2. ¿Cuántos más pasajeros hay en la mañana para el twister y la montaña rusa que para el carrusel?

____

3. ¿Cuántos más pasajeros hay en todo el día para el carrusel que pasajeros en la tarde para el twister?

____

4. **Amplía tu razonamiento** Escribe un problema de dos pasos usando esta ecuación: $72 \div 9 + 6 = b$, $b = 14$

____

____

____

____

© Houghton Mifflin Harcourt Publishing Company

6-11
Haz la tarea

Nombre ______________________________ Fecha ______________

Los Bobcats jugarán contra los Eagles en la final. La tabla muestra algunos récords establecidos por los Bobcats durante la temporada de fútbol americano.

	Goles de campo	Yardas	Puntos totales
Bobcats	23	341	160

Escribe una ecuación y resuelve el problema

1. Los Eagles anotaron 7 *touchdowns* menos que los Bobcats. ¿Cuántos *touchdowns* anotaron los dos equipos en total?

   ____

2. Los Bobcats anotaron 133 puntos en *touchdowns*. Anotaron el resto de sus puntos al patear goles de campo que valen 3 puntos cada uno. ¿Cuántos goles de campo anotaron los Bobcats?

   ____

3. Usa los datos de la tabla para escribir otro problema de dos pasos.

   ____

   ____

© Houghton Mifflin Harcourt Publishing Company

6-11
Recuerda

Nombre ____________________ Fecha ____________

Escribe la pregunta del primer paso y responde. Luego resuelve el problema.

Muestra tu trabajo.

1. El panadero hornea 54 panecillos en la mañana. Luego hornea 26 más en la tarde. Coloca 10 panecillos en cada bolsa. ¿Cuántas bolsas llena?

____

____

Escribe una ecuación y resuelve el problema.

2. La Sra. Blum prepara 8 canastas de fruta con 4 manzanas en cada una. Prepara 1 canasta de fruta con 3 manzanas. ¿Cuántas manzanas usa en total?

____

3. El entrenador Ruiz compra un paquete de 50 tazas y 4 paquetes de 20 tazas. ¿Cuántas tazas compra en total el entrenador Ruiz?

____

4. **Amplía tu razonamiento** Usa la tabla para escribir y resolver un problema de dos pasos que tenga como respuesta 49 puntos.

	Carly	Evan	Isaac
Puntos	245	118	176

____

____

____

© Houghton Mifflin Harcourt Publishing Company

Nombre _______________ Fecha _______________

Elige la mejor unidad para medir cuánto puede contener cada objeto. Escribe *taza, pinta, cuarto* o *galón*.

1. una bañera _______________
2. un recipiente de jugo de naranja _______________
3. una caja de jugo _______________
4. un cartón pequeño de leche _______________

Usa dibujos para representar los problemas.

5. Molly compró un recipiente de limonada que tenía 6 tazas. Bebió 2 tazas. ¿Cuántas tazas de limonada le quedan?

____

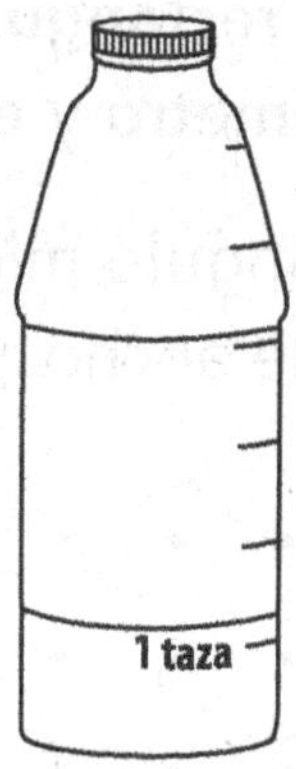

6. Randy vertió 8 cuartos de agua en un balde. Luego agregó 4 cuartos más. ¿Cuántos cuartos de agua hay en el balde?

____

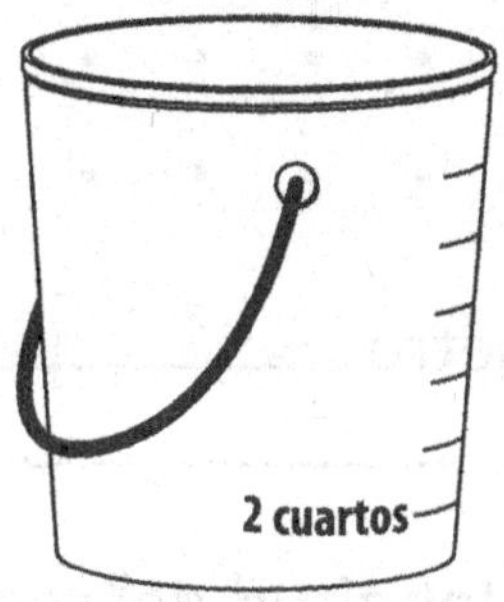

Resuelve. Usa dibujos si es necesario.

7. La Sra. Sander compra 2 galones de leche cada semana. ¿Cuántos galones de leche compra en 10 semanas?

____

8. Brianna compró 64 onzas líquidas de su bebida favorita. ¿Cuántos vasos de 8 onzas líquidas puede llenar con la bebida?

____

9. La pecera de Brian tiene capacidad para 16 galones de agua. Usa recipientes de 2 galones para llenar el acuario. ¿Cuántos recipientes usa?

____

10. El mercado Corner vendió 24 pintas de leche el lunes y 18 pintas el martes. ¿Cuántas pintas de leche vendió el mercado en esos dos días?

____

© Houghton Mifflin Harcourt Publishing Company

Nombre ______________________ Fecha ____________

Resuelve el problema. Rotula tu respuesta. *Muestra tu trabajo.*

1. Michael tocó 15 canciones. Tocó 13 canciones menos que Landon. ¿Cuántas canciones tocó Landon?

____

Dibuja cada rectángulo en el papel punteado.
Halla el perímetro y el área.

2. Un rectángulo mide 4 cm de largo y 2 cm de ancho.

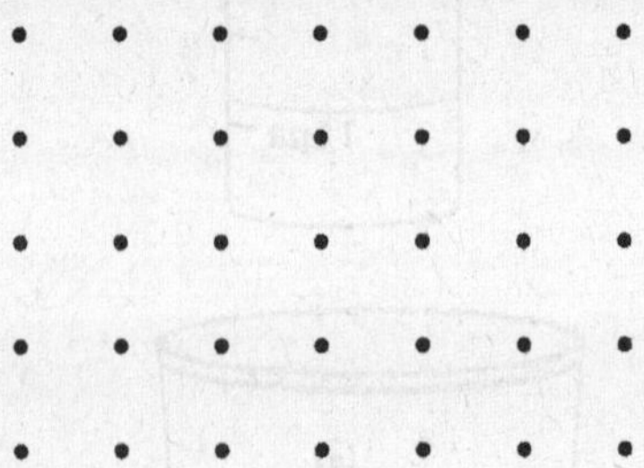

Perímetro ____________

Área ____________

3. Un rectángulo mide 4 cm de largo y 4 cm de ancho.

Perímetro ____________

Área ____________

Estima la longitud del segmento de recta en pulgadas.
Luego mídelo a la $\frac{1}{2}$ pulgada más cercana.

4. 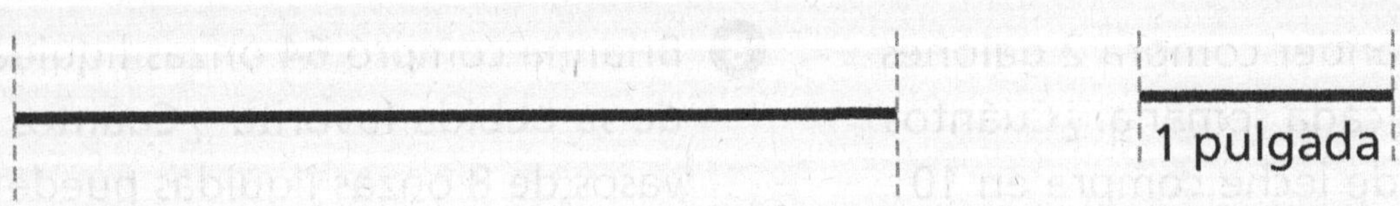

Estimación: ____________ **Real:** ____________

5. **Amplía tu razonamiento** Escribe un problema en el que la respuesta sea 6 galones.

____

____

© Houghton Mifflin Harcourt Publishing Company

7-2 Haz la tarea

Nombre ______________________ Fecha ______________

1 litro (l) = 1,000 mililitros (ml)

Encierra en un círculo la mejor estimación.

1. un recipiente de leche 2 l 20 mL
2. un vaso de jugo de frutas
   25 l 250 ml
3. un gotero 1 l o 1 ml
4. un frasco de encurtidos 50 l 500 ml

Elige la unidad que usarías para medir el volumen líquido de cada uno. Escribe *ml* o *l*.

5. un recipiente de pegamento ______
6. una pecera ______

Usa el dibujo para representar y resolver el problema.

7. Dinah tenía una botella de agua que contenía 800 mililitros de agua. Usó 500 mililitros. ¿Cuánta agua queda en la botella?

   ____

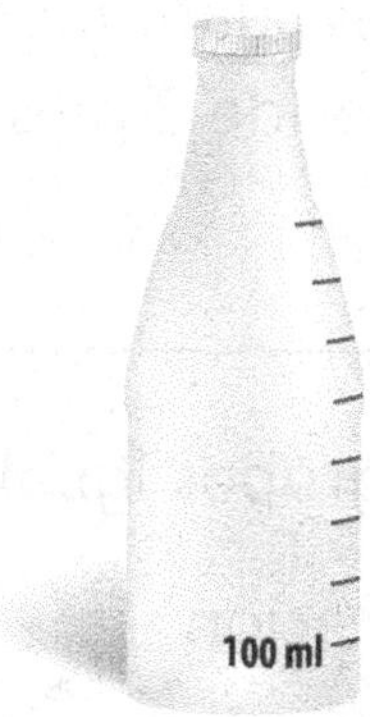

8. Galen tiene una pecera con una capacidad de 40 litros de agua. Vertió 15 litros de agua en la pecera. ¿Cuántos litros más necesita agregar para llenar la pecera?

   ____

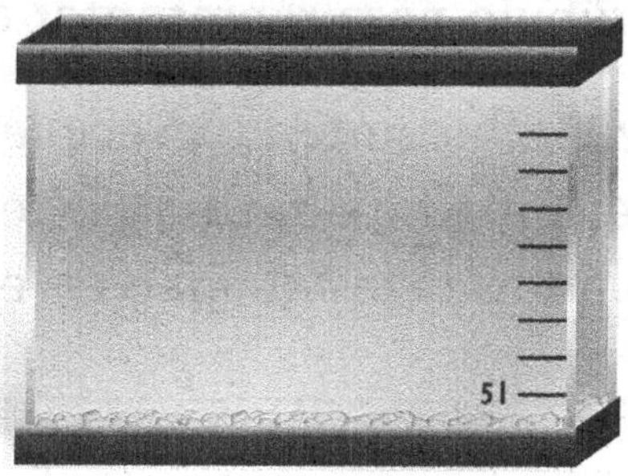

Resuelve.

9. Ben tiene 4 comederos para colibríes. Cada comedero tiene capacidad para 80 mililitros de alimento líquido para colibríes. ¿Cuántos mililitros de alimento líquido para colibríes necesita Ben?

   ____

10. Drew necesita 27 litros de refresco de frutas para una fiesta. Viene en recipientes de 3 litros. ¿Cuántos recipientes debería comprar Drew?

   ____

© Houghton Mifflin Harcourt Publishing Company

7-2 Recuerda

Nombre ____________ Fecha ____________

Resuelve. Haz diagramas o rectas numéricas como apoyo.

1. Jamie jugó al fútbol durante $\frac{3}{4}$ de hora. Saltó a la cuerda durante $\frac{1}{2}$ de hora. ¿Qué actividad duró más? Explica tu respuesta.

____

____

Resuelve. Luego encierra en un círculo qué tipo es y qué operación usaste.

2. El área de una mesa rectangular es de 18 pies cuadrados. El ancho de la mesa es de 3 pies. ¿Cuál es su longitud?

____

matriz grupos iguales área

multiplicación división

3. La banda se alinea en 8 filas con 6 miembros de la banda en cada fila. ¿Cuántos miembros de la banda hay en total?

____

matriz grupos iguales área

multiplicación división

Usa el dibujo para representar el problema.

4. Elizabeth compra un recipiente de jugo de naranja que contiene 8 tazas. Vierte 6 tazas en una jarra. ¿Cuántas tazas quedan en el recipiente?

____

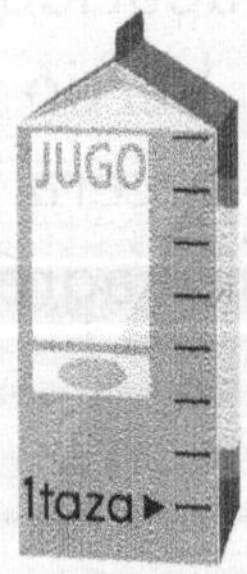

5. **Amplía tu razonamiento** Escribe un problema sobre restar 4 litros. Luego resuélvelo. Haz un dibujo para representar tu respuesta.

____

____

____

© Houghton Mifflin Harcourt Publishing Company

7-3
Haz la tarea

Nombre ______________________ Fecha ____________

Elige la unidad que usarías para medir el peso de cada objeto. Escribe *onza* o *libra*.

❶ 

❷ 

❸ 

______________ ______________ ______________

Elige la unidad que usarías para medir la masa de cada objeto. Escribe *gramo* o *kilogramo*.

❹ 

❺ 

❻ 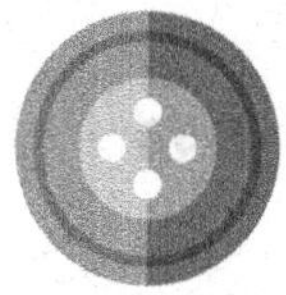

______________ ______________ ______________

Encierra en un círculo la mejor estimación.

❼ Una almohada 8 oz 8 lb

❽ Una engrapadora 250 g 250 kg

❾ Un carro 1,000 g 1,000 kg

❿ Un libro grande 3 lb 30 lb

Resuelve. Usa un dibujo si es necesario.

⓫ Steve compró 24 onzas de su cereal favorito. Coloca iguales cantidades del cereal en 4 recipientes. ¿Cuántas onzas colocó en cada recipiente?

____

⓬ Beth compró una bolsa de 340 gramos de pasta. Usó 250 gramos. ¿Cuántos gramos quedan en la bolsa?

____

⓭ Hay 8 libros en una caja. Cada libro tiene una masa de 2 kilogramos. ¿Cuál es el la masa total de los libros?

____

⓮ Roy compró una bolsa de 25 libras y una bolsa de 10 libras de alimento para mascotas. ¿Cuántas libras de alimento para mascotas compró?

____

© Houghton Mifflin Harcourt Publishing Company

7-3
Recuerda

Nombre ______________________ Fecha ______________

Resuelve cada problema. Rotula tus respuestas. *Muestra tu trabajo.*

1 Chen tiene \$8. Gana algo más de dinero como niñero. Ahora tiene \$17. ¿Cuánto dinero gana como niñero?

____

2 Dylan tiene 48 tarjetas de béisbol. Coloca 8 tarjetas en cada página de un álbum. ¿Cuántas páginas llena con las tarjetas de béisbol?

____

Compara. Usa <, > o =.

3 $\frac{3}{8} \bigcirc \frac{3}{6}$

4 $\frac{1}{8} \bigcirc \frac{7}{8}$

5 $\frac{1}{2} \bigcirc \frac{1}{4}$

6 $\frac{4}{4} \bigcirc \frac{8}{8}$

7 $\frac{2}{6} \bigcirc \frac{1}{6}$

8 $\frac{4}{8} \bigcirc \frac{2}{4}$

Usa dibujos para representar los problemas.

9 Meagan tiene un recipiente que tiene 700 mililitros de leche. Usa 300 mililitros para una receta. ¿Cuánta leche queda en el recipiente?

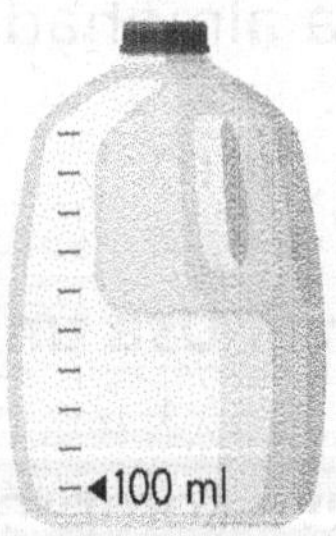

____

10 Austin coloca 5 litros de agua en un balde vacío. Miles coloca otros 8 litros. ¿Cuánta agua hay en el balde ahora?

____

11 **Amplía tu razonamiento** Explica cómo sabes si elegir gramos o kilogramos cuando mides la masa. Nombra un objeto que medirías con cada unidad.

____

____

© Houghton Mifflin Harcourt Publishing Company

7-4
Haz la tarea

Nombre ______________________ Fecha ____________

Resuelve. Usa dibujos si es necesario. *Muestra tu trabajo.*

1. Carlie tenía 800 mililitros de agua en un recipiente. Vertió todo menos 300 mililitros en un florero. ¿Cuántos mililitros de agua vertió Carlie en el florero?

   ____

2. Benji compró 2 papas que juntas tienen una masa de 496 gramos. Si la masa de una papa es de 254 gramos, ¿cuál es la masa de la otra papa?

   ____

3. Un huevo de pato de tamaño promedio tiene una masa de 80 gramos. ¿Cuál será la masa de tres huevos de pato?

   ____

4. Michelle tiene 4 baldes que usa para regar las plantas. Llenó cada balde con 6 litros de agua. ¿Cuál es el volumen líquido total de todos los baldes?

   ____

5. Una pila de libros tiene una masa de 21 kilogramos. Si cada libro de la pila tiene una masa de 3 kilogramos, ¿cuántos libros hay en la pila?

   ____

6. Martha compró un litro de limonada. Dio a cada una de sus 3 amigas 300 mililitros. ¿Usó Marta todo el litro de limonada? Explica.

   ____

   ____

© Houghton Mifflin Harcourt Publishing Company

7-4
Recuerda

Nombre ______________________ Fecha ______________

Lee cada problema. Tacha cualquier información adicional o encierra en un círculo la información oculta. Luego resuelve.

Muestra tu trabajo.

1. Jordan lleva un registro de los días lluviosos de un año. Este año contó 27 semanas con al menos 1 día lluvioso. ¿Cuántas semanas no tuvieron días lluviosos?

____

2. Claudia anota 275 puntos en un videojuego. Hannah anota 268 puntos en el mismo videojuego. El puntaje más alto para el mismo videojuego es 306. ¿Cuántos puntos anotaron las niñas en total?

____

3. Charlie hace un mosaico con azulejos cuadrados de 1 centímetro. Los coloca en un cuadrado de 8 azulejos de ancho por 8 azulejos de alto. ¿Cuál es el área del mosaico?

____

Elige la unidad que usarías para medir el peso de cada objeto. Escribe *onza* o *libra*.

4. 

____

5. 

____

6. 

____

7. **Amplía tu razonamiento** Jake tiene 12 litros de agua. Nombra cuatro maneras diferentes en las que puede dividir el agua en baldes para que cada uno tenga el mismo número de litros.

____

____

© Houghton Mifflin Harcourt Publishing Company

7-5
Haz la tarea

Nombre ____________________ Fecha __________

Mira los ángulos.

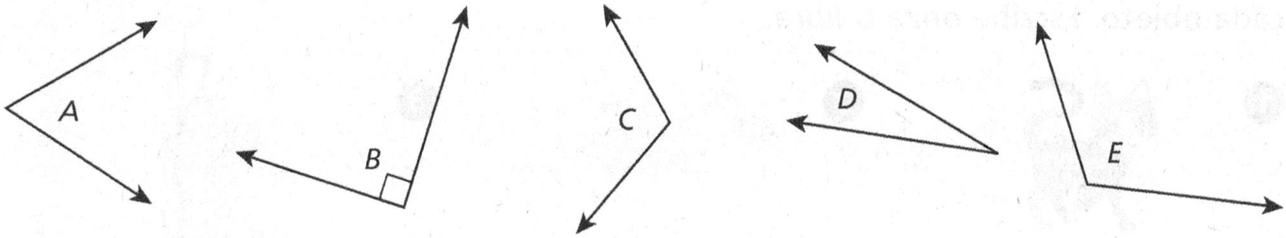

1. ¿Qué ángulos son ángulos rectos? ____________
2. ¿Qué ángulos son mayores que un ángulo recto? ____________
3. ¿Qué ángulos son menores que un ángulo recto? ____________

Usa los triángulos para los ejercicios 4 a 7. Escribe *W, X, Y* o *Z*. Luego completa las oraciones.

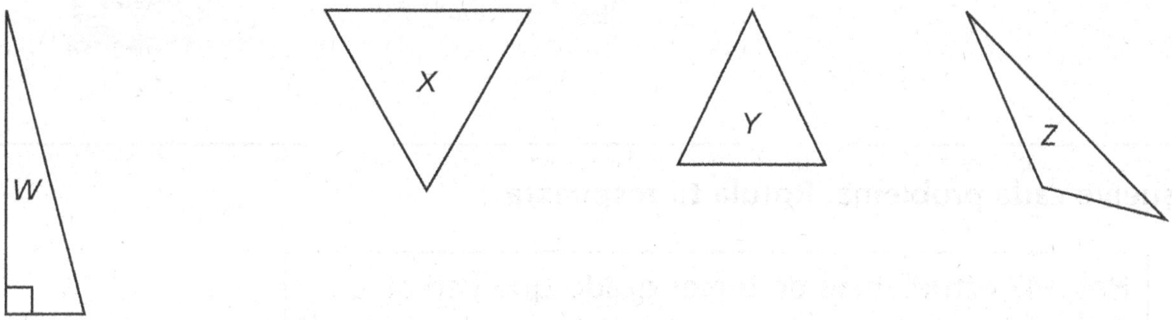

4. El triángulo ____ tiene 3 ángulos menores que un ángulo recto y ____ lados de igual longitud.
5. El triángulo ____ tiene 1 ángulo mayor que un ángulo recto y ____ lados de igual longitud.
6. El triángulo ____ tiene 1 ángulo recto y ____ lados de igual longitud.
7. El triángulo ____ tiene 3 ángulos menores que un ángulo recto y ____ lados de igual longitud.

Dibuja un ejemplo de cada figura que se describe a continuación. Luego nombra la figura.

8. un polígono con 6 lados y 6 ángulos ________________
9. un polígono con 4 lados y 4 ángulos ________________
10. un polígono con 8 lados y 8 ángulos ________________

© Houghton Mifflin Harcourt Publishing Company

7-5 Recuerda

Nombre ______________________ Fecha ____________

Elige la unidad que usarías para medir el peso de cada objeto. Escribe *onza* o *libra*.

1 

2 

3 

______________ ______________ ______________

Elige la unidad que usarías para medir la masa de cada objeto. Escribe *gramo* o *kilogramo*.

4 

5 

6 

______________ ______________ ______________

Resuelve cada problema. Rotula tu respuesta.

> Hay 147 estudiantes de tercer grado que van al teatro. Cada fila en el teatro tiene diez asientos.

7 ¿Cuántas filas de asientos llenarán los estudiantes de tercer grado?

____

8 ¿Cuántos estudiantes se sentarán en una fila que no esté completa?

____

9 **Amplía tu razonamiento** Dibuja un triángulo con ángulo recto con 0 lados iguales de longitud.

© Houghton Mifflin Harcourt Publishing Company

Nombre ______________________ Fecha __________

1 Encierra en un círculo las figuras que son paralelogramos.

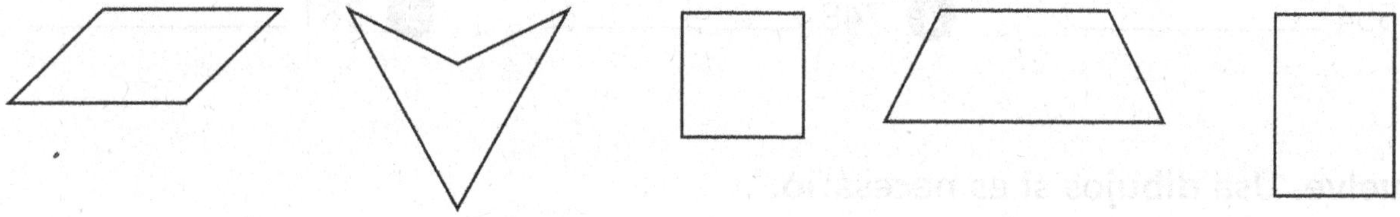

Lee cada oración y escribe si es *verdadera* o *falsa*.

2 Todos los cuadrados son rectángulos. ______________

3 Todos los paralelogramos son cuadrados. ______________

4 Todos los cuadriláteros son paralelogramos. ______________

5 Los lados opuestos de un cuadrado siempre son paralelos.

____

Encierra en un círculo todas las palabras que describen la figura.

6 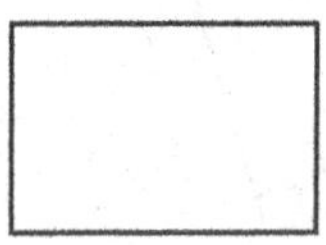

cuadrado
rectángulo
paralelogramo
cuadrilátero

7 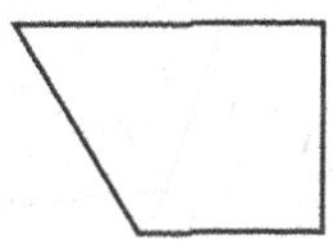

paralelogramo
cuadrilátero
rectángulo
trapecio

8 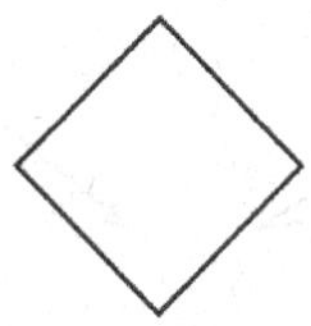

rectángulo
paralelogramo
cuadrilátero
rombo

© Houghton Mifflin Harcourt Publishing Company

Nombre ______________________ Fecha ______________

Redondea cada número a la centena más cercana.

1 554 ____________ **2** 748 ____________ **3** 381 ____________

Resuelve. Usa dibujos si es necesario.

4 Los adultos del Equipo A vierten 4 litros de agua en un balde. Los estudiantes del Equipo A vierten 5 litros de agua en el balde. ¿Cuántos litros de agua vertió el Equipo A en el balde?

____

5 La florista tiene un florero que contiene 950 mililitros de agua. Derrama 320 mililitros de agua. ¿Cuánta agua queda en el florero?

____

Mira los ángulos.

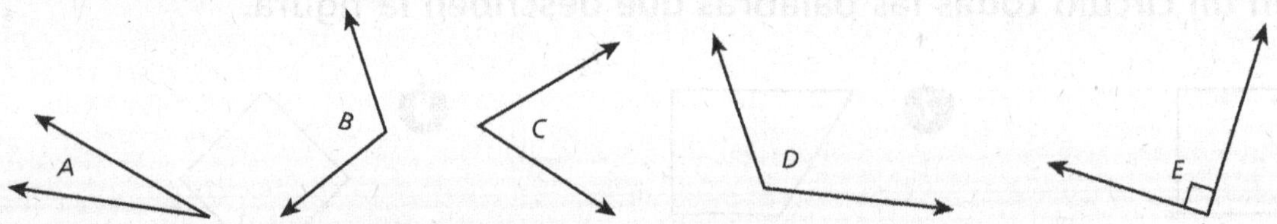

6 ¿Qué ángulos son mayores que un ángulo recto? ____________

7 ¿Qué ángulos son menor es que un ángulo recto? ____________

8 ¿Qué ángulos son ángulos rectos? ____________

9 **Amplía tu razonamiento** Explica por qué un cuadrado es un rectángulo.

____

____

____

____

© Houghton Mifflin Harcourt Publishing Company

Nombre ______________________ Fecha ________

1. Dibuja un paralelogramo que no tenga ángulos rectos.
2. Dibuja un paralelogramo que tenga ángulos rectos.
3. Dibuja un rectángulo con lados de igual longitud.

© Houghton Mifflin Harcourt Publishing Company

7-7
Recuerda

Nombre ______________________ Fecha ______________

Usa el redondeo para decidir si la respuesta es razonable. Luego halla la respuesta para ver si tenías razón.

1. 136 − 87 = 49 ______________
2. 94 − 56 = 83 ______________
3. 165 + 28 = 163 ______________

Usa dibujos para representar los problemas.

4. La Sra. Callen vierte 8 pintas de refresco de frutas en un recipiente. Su familia bebe 6 pintas del refresco de frutas. ¿Cuántas pintas de refresco de frutas le quedan?

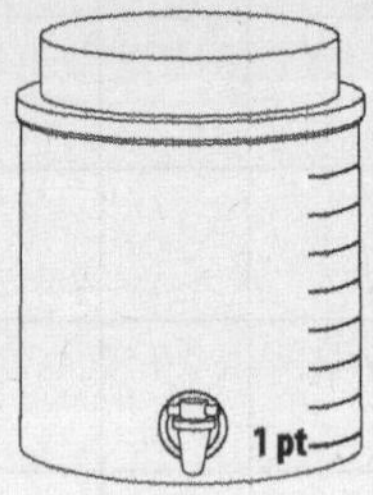

____

5. La jarra contiene 8 tazas de jugo. El Sr. Raj vierte 3 tazas en vasos. ¿Cuántas tazas hay en la jarra ahora?

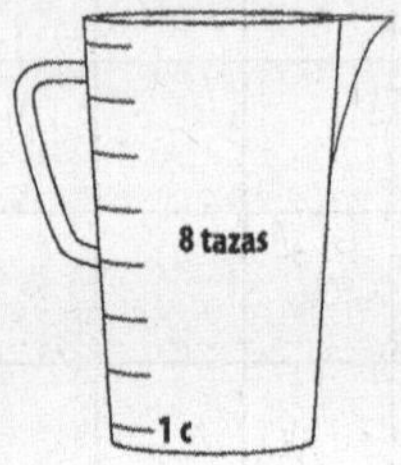

____

Encierra en un círculo todas las palabras que describen la figura.

6. 

paralelogramo
cuadrilátero
tectángulo
trapecio

7. 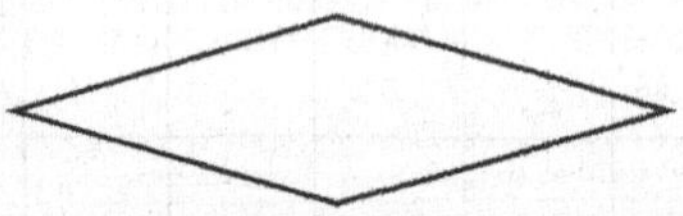

tectángulo
paralelogramo
cuadrilátero
rombo

8. 

cuadrado
tectángulo
paralelogramo
cuadrilátero

9. **Amplía tu razonamiento** Charlotte dice que su porche es un paralelogramo que tiene cuatro lados iguales y ningún ángulo recto. Dibuja una figura que concuerde con la descripción del porche de Charlotte.

© Houghton Mifflin Harcourt Publishing Company

7-8
Haz la tarea

Nombre ______________________________ Fecha ______________

Encierra en un círculo todos los nombres que describen la figura.

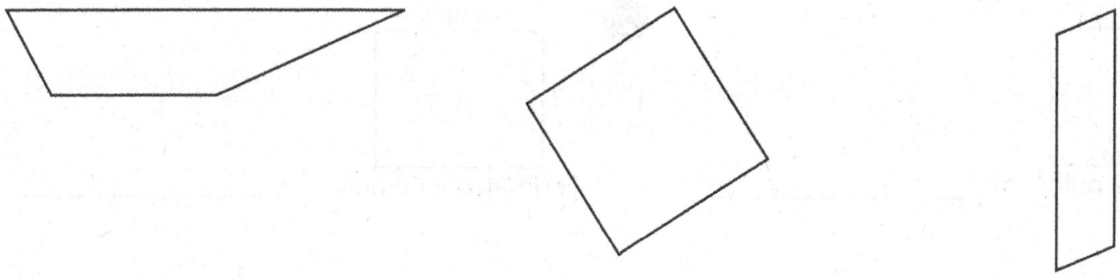

❶ cuadrilátero
paralelogramo
rectángulo
trapecio

❷ cuadrilátero
paralelogramo
rectángulo
cuadrado

❸ cuadrilátero
paralelogramo
rectángulo
cuadrado

Dibuja cada figura.

❹ Dibuja un cuadrilátero que *no* sea un cuadrado.

❺ Dibuja un paralelogramo que *no* sea un cuadrado.

❻ Explica por qué no es posible dibujar un cuadrado que no sea un paralelogramo.

____

____

© Houghton Mifflin Harcourt Publishing Company

Nombre ______________________ Fecha ______________

Halla la longitud lateral desconocida en cada diagrama.

1. 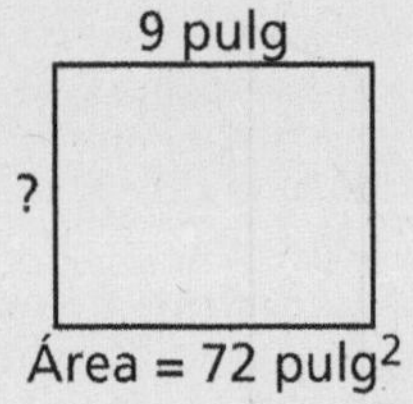

____

2. 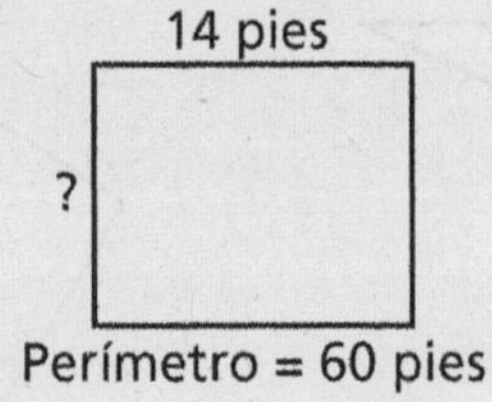

____

Resuelve cada problema. Rotula tus respuestas. *Muestra tu trabajo.*

3. Autumn tiene algunos adhesivos. Usa 16. Ahora le quedan 18. ¿Cuántos adhesivos tenía al principio?

____

4. Landon tiene algunos videojuegos. Su amigo tiene 19 videojuegos. Juntos tienen 37 videojuegos. ¿Cuántos videojuegos tiene Landon?

____

5. Dibuja un paralelogramo que no tenga ángulos rectos.

6. **Amplía tu razonamiento** Dibuja un cuadrilátero con lados que no sean iguales.

© Houghton Mifflin Harcourt Publishing Company

Nombre _______________ Fecha _______________

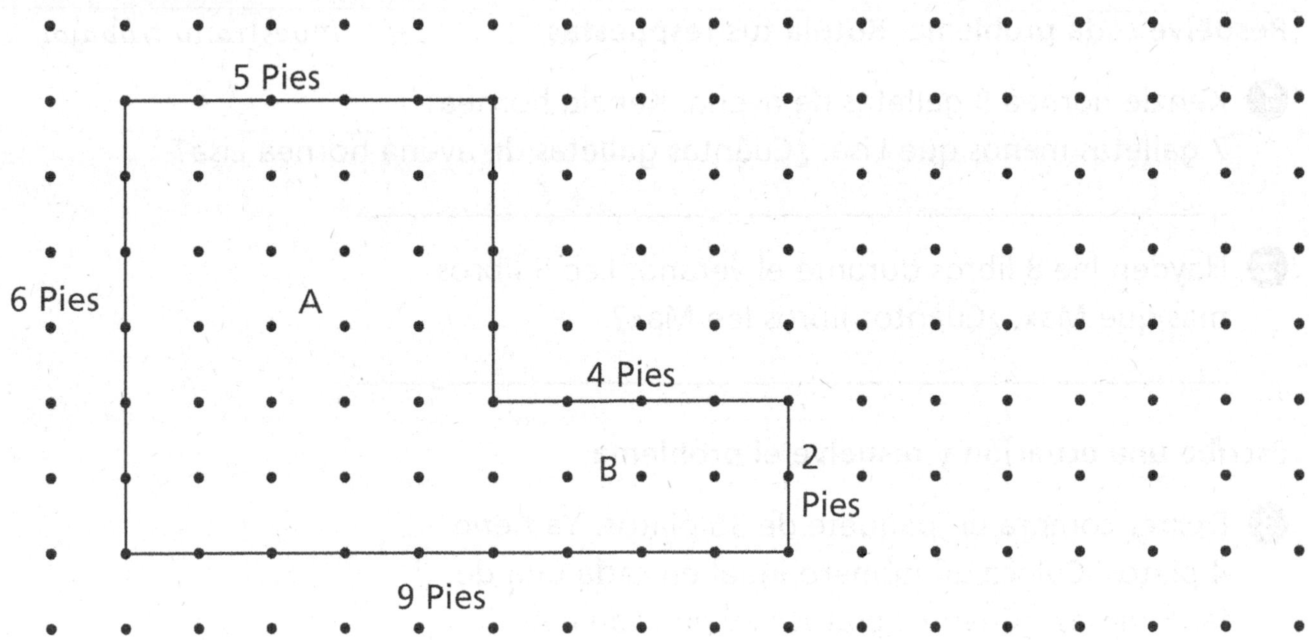

Usa el dibujo de arriba para resolver los problemas.

1. Elton quiere sembrar semillas de césped en su patio trasero. Las dos partes de su patio tienen forma de rectángulo. Usará 1 taza de semillas de césped por cada pie cuadrado en su patio. ¿Cuántas tazas usará?

____

2. Elton quiere colocar una cerca de estacas alrededor del exterior de su patio. ¿Cuántos pies de cerca necesitará?

____

3. A la derecha del jardín, dibuja una figura distinta que tenga el mismo perímetro que la parte A del patio de Elton. ¿Cuál es el área de tu figura?

____

© Houghton Mifflin Harcourt Publishing Company

7-9
Recuerda

Nombre ____________________ Fecha ____________

Resuelve cada problema. Rotula tus respuestas. *Muestra tu trabajo.*

1. Kenzie hornea 9 galletas de avena. Kenzie hornea 7 galletas menos que Lisa. ¿Cuántas galletas de avena hornea Lisa?

____

2. Hayden lee 8 libros durante el verano. Lee 5 libros más que Max. ¿Cuántos libros lee Max?

____

Escribe una ecuación y resuelve el problema.

3. Dexter compra un paquete de 38 platos. Ya tiene 4 platos. Coloca un número igual en cada una de las 6 mesas. ¿Cuántos platos hay en cada mesa?

____

4. Usa las piezas de tangram para hacer figuras. Elige una figura y cópiala en una hoja de papel aparte. Halla el área de la figura que hiciste. Recuerda, el cuadrado mide una pulgada cuadrada.

____

5. **Amplía tu razonamiento** Anna tiene 30 pies de cerca para poner alrededor de su huerto. La lechuga estará en una sección que mide 8 pies × 5 pies y las zanahorias estarán en una sección que mide 2 pies × 7 pies. ¿Funcionará su diseño? Si no es así, ¿cómo lo puede cambiar para que funcione?

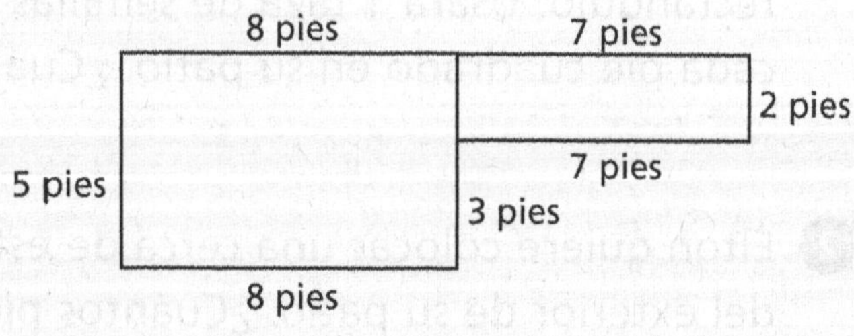

____

____

____

____

© Houghton Mifflin Harcourt Publishing Company

Tabla de multiplicación y tablas desordenadas (Volumen 2)

E

×	4	2	5	1	3	8	10	7	9	6
4	16	8	20	4	12	32	40	28	36	24
1	4	2	5	1	3	8	10	7	9	6
2	8	4	10	2	6	16	20	14	18	12
5	20	10	25	5	15	40	50	35	45	30
3	12	6	15	3	9	24	30	21	27	18
9	36	18	45	9	27	72	90	63	81	54
6	24	12	30	6	18	48	60	42	54	36
10	40	20	50	10	30	80	100	70	90	60
7	28	14	35	7	21	56	70	49	63	42
8	32	16	40	8	24	64	80	56	72	48

F

×	9	8	6	7	4	6	8	7	4	9
2	18	16	12	14	8	12	16	14	8	18
3	27	24	18	21	12	18	24	21	12	27
5	45	40	30	35	20	30	40	35	20	45
3	27	24	18	21	12	18	24	21	12	27
5	45	40	30	35	20	30	40	35	20	45
9	81	72	54	63	36	54	72	63	36	81
7	63	56	42	49	28	42	56	49	28	63
6	54	48	36	42	24	36	48	42	24	54
8	72	64	48	56	32	48	64	56	32	72
4	36	32	24	28	16	24	32	28	16	36

G

×	7	6	8	7	8	6	8	7	6	8
5	35	30	40	35	40	30	40	35	30	40
4	28	24	32	28	32	24	32	28	24	32
3	21	18	24	21	24	18	24	21	18	24
2	14	12	16	14	16	12	16	14	12	16
8	56	48	64	56	64	48	64	56	48	64
9	63	54	72	63	72	54	72	63	54	72
7	49	42	56	49	56	42	56	49	42	56
6	42	36	48	42	48	36	48	42	36	48
8	56	48	64	56	64	48	64	56	48	64
6	42	36	48	42	48	36	48	42	36	48

H

×	4	6	7	8	9	6	9	8	7	4
4	16	24	28	32	36	24	36	32	28	16
6	24	36	42	48	54	36	54	48	42	24
7	28	42	49	56	63	42	63	56	49	28
8	32	48	56	64	72	48	72	64	56	32
9	36	54	63	72	81	54	81	72	63	36
8	32	48	56	64	72	48	72	64	56	32
9	36	54	63	72	81	54	81	72	63	36
4	16	24	28	32	36	24	36	32	28	16
7	28	42	49	56	63	42	63	56	49	28
6	24	36	42	48	54	36	54	48	42	24

© Houghton Mifflin Harcourt Publishing Company